Cómo hacer de tu cerebro tu mejor amigo

RACHEL BARR

Cómo hacer de tu cerebro tu mejor amigo

Claves de la neurociencia para una vida más sana y feliz

Traducción de Rocío Daniela Pereyra

Urano

Argentina – Chile – Colombia – España
Estados Unidos – México – Perú – Uruguay

Título original: *How to Make Your Brain Your Best Friend*
Editor original: Dorling Kindersley Limited, una compañía Penguin Random House
Traducción: Rocío Daniela Pereyra

1.ª edición: noviembre 2025

ISBN: 979-13-87662-14-1
E-ISBN: 979-13-87750-67-1
Depósito legal: M-19.619-2025

Fotocomposición: Urano World Spain, S.A.U.

Impreso por: Liberdúplex, S.L.
Ctra. BV 2249 Km 7,4 – Polígono Industrial Torrentfondo
08791 Sant Llorenç d'Hortons (Barcelona)

Impreso en España – *Printed in Spain*

Para mi madre, que nunca dejó de cuidar a los demás; ni siquiera cuando le costaba cuidarse a sí misma.

ÍNDICE

Prefacio

Imagíname sentada en mi despacho. La escena es caótica pero tranquila: montones de papeles y notas arrugadas cubren todas las superficies. Gnocchi, mi gato, ha decidido tomar posesión de mi (su) escritorio. Estamos en plena negociación por un poco de espacio en el teclado y, como siempre, él lleva las de ganar. Aquí es donde estoy escribiendo estas palabras.

Imagino que tú también estás ahí, acomodado en algún rincón, siguiendo la lectura. No nos conocemos y, sin embargo, en este momento se ha creado un puente que une nuestras mentes. Yo estoy aquí, tecleando, y tú estás ahí, leyendo. Es casi como si estuviéramos conversando a través del tiempo y del espacio. Parece magia, pero no lo es; se trata de una función más de nuestro cerebro, la cosa más extraordinaria del universo. Bueno, quizá mi opinión esté un poquito sesgada porque he dedicado prácticamente toda mi vida a estudiar neurociencia. Pero estoy segura de que incluso astrónomos y astrofísicos coincidirían en que ningún otro objeto del universo es tan enigmático como el órgano que en este momento te permite leer estas palabras. Un amasijo de grasa que, de algún modo, es capaz de generar consciencia de la nada y después pasarse el día preguntándose por qué existe. Es como si descubrieras que el estropajo que usas para lavar los platos ha estado escribiendo poesía mientras dormías.

En un universo tan vasto e indiferente, el cerebro humano es una anomalía: estamos aquí, en un frío vacío que nunca deja de expandirse, pensando y sintiendo cosas. *¡Qué descaro!* Nos saltamos todas las reglas del cosmos, nos apropiamos de un lugar y nos inventamos un propósito donde nunca estuvo previsto.

Pero, claro, ahora que nos hemos convencido de que la vida debe tener un sentido, nos toca la parte difícil: encontrarlo. Menuda carga, ¿verdad? La existencia no siempre es maravillosa y emocionante. A veces, el esfuerzo constante nos agota, nos abruma y nos hace sentir terriblemente solos.

Nos han hecho creer que la perfección es la clave de la felicidad. Detrás de esa idea hay toda una industria empeñada en hacerte sentir que, si sufres, es porque no has optimizado cada aspecto de tu vida. Es un mensaje que se ha arraigado con tanta fuerza en nuestra mente que rara vez nos detenemos a cuestionarlo. Damos por hecho que, si estamos teniendo dificultades, debe de ser porque no nos esforzamos lo suficiente, porque no organizamos nuestro tiempo con suficiente precisión o porque no manifestamos nuestros deseos con el optimismo necesario. O, peor aún, damos por sentado que no *somos* suficiente. Nos han hecho creer que, si trabajamos más y compramos los productos adecuados, conseguiremos optimizarnos y así alcanzar ese maravilloso e idílico estado de la felicidad eterna.

Pero, cuanto más nos sumergimos en la incansable búsqueda de alcanzar ese espejismo, más nos alejamos de aquello que realmente da sentido a la vida. Somos seres sociales, diseñados para buscar la conexión con otros y encontrar un sentido. Queremos que los demás nos vean, que nos escuchen y que nos valoren. Necesitamos creer que nuestra vida tiene un sentido, que formamos parte de algo más grande que nosotros mismos. En realidad, es bastante simple. Y, sin embargo, en un mundo donde impera el mandato de la productividad y la sed de consumismo, este deseo innato queda relegado a un segundo plano. Estamos tan obnubilados por la idea de *alcanzar nuestra mejor versión* que, básicamente, nos olvidamos de… vivir.

Mientras el mundo nos exige más y más todo el tiempo, yo te cuento un secreto en voz baja: *pssst... ya eres «suficiente» tal como estás.* Eso no quiere decir que no puedas crecer, por supuesto que sí. El deseo de evolucionar es tan inherente al ser humano como respirar. Pero los cambios que de verdad aportan valor a nuestra vida no suelen venir de transformaciones extraordinarias ni de cambios de imagen radical. Son cambios silenciosos, casi imperceptibles, que van moldeando cómo nos relacionamos con nosotros mismos, con los demás y con el mundo que nos rodea. No se trata de reinventarte ni de *construir una nueva versión de ti*, sino de acercarte a una versión más *clara y auténtica* de quien ya eres. La verdadera magia ocurre ahí: cuando empezamos a sentirnos un poco más a gusto con nosotros mismos, a reconocer mejor lo que necesitamos y a vivir con un poco más de calma.

De eso trata este libro. No es una receta mágica para que crees una vida perfecta, porque tal cosa no existe. Tampoco solucionará todos tus problemas ni tiene la respuesta definitiva al sentido de la vida. (Aunque reconozco que me he atrevido a intentarlo en el último capítulo, que literalmente se titula «El sentido de la vida»). Lo que te ofrezco aquí es una nueva perspectiva, una invitación a conectar con aquello que, en teoría, debería resultarle más natural a tu cerebro. No puedo enseñarte a optimizarte hasta alcanzar un estado de felicidad eterna, pero lo que sí puedo hacer es explicarte cómo deberías cuidar tu cerebro para que, con suerte, él también aprenda a cuidar de ti.

Quizá no lo parezca, pero tu cerebro siempre está de tu lado. Intenta protegerte..., aunque no siempre acierte en la manera de hacerlo. Piensa en él como si fuera ese compañero de piso que es atento, pero que, de vez en cuando, prende fuego a la cocina. Por mucho que nuestro cerebro intente ayudarnos, nosotros nos empeñamos en ponerlo en apuros cuando le exigimos que se adapte a un mundo para el que no está diseñado. Es un órgano muy inteligente, sí, pero no infalible. Tiene sus límites y, cuando lo sobrecargamos, nos lo hace saber. En su lucha por seguir el ritmo, tu cerebro puede llegar a hacerte creer que no vales nada, que la vida jamás será más fácil, que no merece la pena seguir adelante. Y, en esos momentos de oscuridad, es fácil caer en la trampa y creerle. Tu cerebro puede ser tu mayor aliado o tu peor enemigo.

Escribiendo estas palabras, no puedo evitar pensar en mi madre y en cómo su cerebro parecía conspirar en su contra. Pocos días después de su muerte, mi hermano me escribió un mensaje de texto con la misma pregunta que yo no dejaba de hacerme: «¿Por qué no pude salvarla?». O, más bien, «¿por qué no lo *hice*?». Debería haberla traído de vuelta de esa oscuridad, por la fuerza si era necesario. Al menos, eso es lo que me repetía en aquel entonces. Pero la verdad es que lo intenté. Luché con todas mis fuerzas para convencerla de que la vida valía la pena, pero se fue antes de que pudiera encontrar las palabras adecuadas. Así que aquí estoy, escribiendo este libro, con la esperanza de poder encontrarlas. No solo por ella, sino también por ti.

Mi madre no era la única en esa lucha. Son muchas las personas que batallan con su propia mente, agotadas por los mismos esfuerzos que, en teoría, deberían facilitarles la vida. A menudo se dice que el cerebro es como una máquina, algo que podemos ajustar y afinar como si fuera un motor o un *software*. Pero el cerebro no es un mecanismo inerte, sino un sistema vivo, cambiante, con una lógica propia. No es algo que debamos vencer; es algo que debemos comprender. Incluso hacerle un sitio en nuestra vida. O, *si nos ponemos ambiciosos, convertirlo en nuestro mejor amigo.*

Es un tipo peleón, el cerebro, siempre tratando de repararse a sí mismo. Está en continuo movimiento, adaptándose, reorganizándose, encontrando nuevos caminos. Y este baile sin descanso le da una capacidad de recuperación asombrosa. Pero no puede hacerlo todo por su cuenta; nosotros debemos echarle una mano. Justamente eso es lo que me gustaría ofrecerte en estas páginas: una manera más amable de conseguirlo. No elegimos el cerebro que nos toca, pero sí podemos aprender a sentirnos un poco más a gusto en él.

No importa desde qué rincón del tiempo y del espacio hayas llegado, me alegro de que estés aquí. Es un privilegio compartir este momento contigo. Quítate los zapatos, ponte cómodo y charlemos un rato. Pero antes, le cedo el teclado a Gnocchi, que se encargará de cerrar este prólogo con la elegancia y la brevedad que lo caracterizan: *gabdhsjshdgdbdjdigkfnan*.

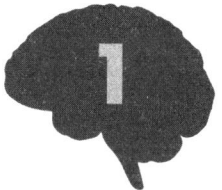

Conócete a ti mismo: cómo recuperar nuestra identidad en la era de la optimización

Crecer en los años noventa significaba que la pregunta «¿Quién te crees que eres?» podía sonar como un empujón o como un golpe bajo, según quién la dijera (o la cantara).

Dicha con la severidad de un padre o un profesor, la frase tenía el poder de hacerme sentir insignificante, como si fuera una hormiga. El mensaje implícito (aunque por aquel entonces no lo entendiera del todo) era que solo los adultos podían *ser* alguien; yo aún debía ganarme ese derecho. Lo más desconcertante era cuando la pregunta venía de mi padre: la lanzaba como si fuera retórica, pero luego me miraba fijamente, como esperando una elaborada respuesta que, por supuesto, yo no tenía. Yo me quedaba paralizada en silencio, boquiabierta, pensando: «No tengo ni idea de quién creo que soy».

Sin embargo, cuando las Spice Girls cantaban el estribillo de su famosa canción «Who Do You Think You Are?» [¿Quién te crees que eres?], la pregunta cobraba un significado totalmente distinto. Convertían un dilema existencial en una invitación, una llamada a liberarse de las ataduras y enfrentarse al mundo con la confianza de una estrella del pop. Poder femenino, lentejuelas y zapatos de plataforma: ¿qué más podía necesitar una niña de ocho años para sentirse imparable?

Estas dos interpretaciones de la misma frase (la reprimenda de un adulto frente al himno de empoderamiento) ilustran a la perfección la dualidad de la identidad. De un momento a otro, pasamos de desenvolvernos con soltura, convencidos de que estábamos destinados al éxito, a irnos a llorar a un rincón y cuestionarnos absolutamente todo.

Es fácil restar importancia a las crisis de identidad y tacharlas de superficiales o egocéntricas, pero la percepción que tenemos de nosotros mismos es la base sobre la que se asienta nuestra mente. Todo lo que vivimos pasa a través de ese prisma y, si está distorsionado, nuestra visión del mundo también lo estará. La ansiedad, la depresión y otros trastornos aún más insidiosos pueden echar raíces en el terreno fértil de una baja autoestima.[1, 2, 3] Tener una identidad fragmentada no es un problema menor, ya que puede convertirse en un obstáculo muy grande para la salud mental.

Hoy en día, todo en nuestra vida puede medirse y analizarse, y los estándares que intentamos alcanzar se vuelven cada vez más imposibles. A nuestro alrededor, abundan las personas y los productos que prometen tener la fórmula mágica para aumentar la autoestima. En este contexto, construir una identidad firme y saludable es más importante que nunca. Ya no basta con ser bueno o con mejorar; ahora, la exigencia es ser el mejor en todo y en todo momento. El desarrollo personal ha pasado de ser una búsqueda de crecimiento a convertirse en una carrera frenética por la productividad y la perfección.

Y, sin embargo, en plena era de la optimización, se está empezando a gestar una rebelión silenciosa; un movimiento que nos invita, con un toque de *zigazig-ah* y valentía, a regresar a nuestra esencia. Quizá ha llegado el momento de liberarnos de las expectativas sociales y redescubrir quiénes somos en realidad.

¿Y si la respuesta al enigma de cómo aumentar la autoestima estuviera en el mismo órgano que nos impulsa a buscarlo?

Crisis de identidad: ahora con una dosis extra de crisis

El incómodo proceso de descubrir quiénes somos comienza en la adolescencia, una etapa en la que exploramos distintas facetas hasta encontrar la que más nos representa.[4] Quizá un día eres un *punk* rebelde y al siguiente, un poeta bohemio. Cada una de esas facetas, además, viene acompañada de un corte de pelo del que probablemente te arrepientas más adelante. A medida que envejecemos, nuestra personalidad y nuestros valores se vuelven más rígidos, haciendo que nuestra identidad pierda flexibilidad. Aun así, el proceso de autodescubrimiento nunca termina del todo.

Tendemos a pensar que la edad adulta traerá consigo una especie de respuesta definitiva a este dilema, un punto de llegada en el que, por fin, descubrimos nuestra *auténtica* esencia. Y, en realidad, la edad adulta está muy lejos de eso, ya que encontramos nuevas formas de cuestionarnos y redefinirnos, muchas veces impulsados por cambios laborales, rupturas sentimentales o una crisis existencial frente al espejo del baño. Es un proceso caótico y confuso, lo que explica, en parte, el atractivo de disciplinas como la neurociencia aplicada y la psicología. Tener el visto bueno de la ciencia puede quitarle el peso al hecho de tener que tomar esas decisiones difíciles por tu cuenta.

La ciencia suele basarse en medias y promedios, con el objetivo de identificar patrones generales dentro de una población. Este enfoque tiene sentido, ya que los seres humanos compartimos un grado de similitud realmente asombroso. Todos funcionamos a partir de los mismos procesos fisiológicos básicos, como la regulación de la temperatura, el hambre o el sueño. El cerebro suele presentar la misma arquitectura (cerebro, cerebelo, tronco encefálico y sistema límbico), y cada una de esas regiones desempeña su función con una constancia notable. También compartimos las mismas amenazas letales, un tema que, curiosamente, se presta bastante bien para titulares *clickbait* sin perder del todo la precisión científica: «¡10 tipos de veneno que deberías evitar si quieres vivir más tiempo!». Aun así, ya me imagino a más de un toxicólogo esbozando una sonrisa socarrona y pensando: «¿Pero en qué dosis?».

Esta similitud que existe entre los seres humanos se debe a que compartimos el 99,9 % de nuestro ADN. Y, sin embargo, incluso los gemelos idénticos, con una composición genética casi indistinguible, siguen siendo individuos únicos. El ADN sienta las bases, pero nuestro crecimiento y desarrollo (tanto físico como psicológico) están influidos por nuestras experiencias, el entorno y las interacciones que tenemos a lo largo de la vida.

Tomemos como ejemplo las huellas dactilares, esa marca inconfundible de tu identidad. Su patrón general de remolinos, curvas y arcos está determinado en gran medida por la genética, pero los detalles concretos son testimonio de nuestro paso por el útero.[5] Cada movimiento, cada patada y cada giro que diste, cada bocado de alimento procesado por la placenta, contribuyó a esculpir el diseño único de tus huellas dactilares. En cierto modo, llevas en la cabeza un mapa de bolsillo de tus aventuras prenatales.

El cerebro se rige por un principio similar: se reorganiza y adapta constantemente en respuesta a tus experiencias. Y este proceso no se detiene hasta el último día de tu vida. El cariño que recibiste en la infancia, la serie que devoraste el fin de semana pasado, ese burrito que comiste en el aeropuerto antes de embarcar y que, horas después, convirtió tu vuelo en una catástrofe gastrointestinal; cada una de esas experiencias te ha *forjado*. Por insignificantes que parezcan, todas van directas al crisol de tu existencia, dando forma a una receta que, al final, es solo tuya. Mientras que los genes pueden copiarse, tus experiencias no. Por eso la ciencia muchas veces solo puede ofrecer respuestas parciales y rara vez nos da las soluciones claras y definitivas que tanto ansiamos. Aun así, apoyarnos en la evidencia científica para orientarnos en nuestro crecimiento personal es un comienzo muy bueno, siempre que tengamos presentes sus límites.

Los libros tienen un poder mágico: consiguen crear una conexión personal entre el autor y el lector. A medida que recorras estas páginas, espero que sientas que fueron escritas solo para ti. Aunque, lamento romper el hechizo, no fue así. No tengo forma de saber cuáles son tus circunstancias ni tus necesidades concretas. La ciencia y quienes la estudian pueden darte herramientas, pero la singularidad de tu historia genera vacíos que solo tú puedes llenar.

Aplicar la neurociencia al crecimiento personal implica experimentar, probar y descartar lo que no encaja contigo. Este método de prueba y error no solo es válido, sino recomendable.[6] Concíbelo como un experimento en el que eres tanto el investigador como el sujeto de estudio. Toma nota de tus avances y tus experiencias, identifica qué te ayuda y qué no. Este proceso te permitirá ajustar tu enfoque basándote en pruebas reales, cerrando la brecha entre los principios generales de la ciencia y lo que realmente encaja contigo.

Este matiz es crucial: ni siquiera los hallazgos científicos más sólidos se aplican por igual a todo el mundo. Por ejemplo, está ampliamente demostrado que la meditación ayuda a reducir el estrés.[7] Sin embargo, en algunos casos poco frecuentes, puede desencadenar ansiedad y angustia.[8] Lo que supone un gran beneficio para muchos, puede no ser adecuado para ti, lo que subraya lo delicado que es aplicar recomendaciones generales.

Esta ambigüedad inherente a la ciencia deja margen para que charlatanes y vendedores de soluciones mágicas irrumpan con promesas llamativas pero sin base alguna: «¡Despídete para siempre de los pensamientos negativos con este maravilloso truco!»; «¡Aumenta la serotonina con este suplemento revolucionario!»; «Desbloquea el poder de tu mente con este *neurohack* que los médicos jamás te van a contar». O, dicho de otro modo, conviértete en la persona que siempre has querido ser, sin esfuerzo y con el éxito asegurado.

A menudo, estas soluciones milagrosas nos llegan disfrazadas de ciencia, sobre todo en Internet. Creer en ellas no significa que seas ingenuo, sino que tienes un cerebro humano normal y funcional, que ha sido creado para intentar entender el mundo que nos rodea mediante atajos y asociaciones.

Cuando nos enfrentamos a la incertidumbre de forjar nuestra identidad y organizar nuestra vida, es tentador aferrarse a cualquier cosa que prometa un poco de claridad. El problema es que muchas veces nos lanzamos de cabeza, lo apostamos todo a una sola idea con la esperanza de resolver nuestras dudas existenciales, y esto hace que el cambio y el crecimiento sean increíblemente difíciles. Cuando un estilo de vida, una ideología o una moda se fusionan con nuestra identidad, nos volvemos resistentes al cambio, incluso cuando es necesario. Nos aferramos a viejas creencias o hábitos perjudiciales porque abandonarlos nos da la sensación de perder una parte de nosotros mismos.

Y, cuando nuestra identidad está demasiado ligada a ciertas ideas o prácticas, no vemos las opiniones diferentes como oportunidades de aprendizaje, sino como amenazas personales. Hay ciertas tendencias del mundo del bienestar que he aprendido a no cuestionar en Internet… o me arriesgo a despertar la furia de miles de seguidores convencidos de su éxito y dispuestos a defender su postura con uñas y dientes. Esto pone de manifiesto la intensidad emocional que acompaña el proceso de autodescubrimiento y búsqueda de identidad. El hecho de que alguien tenga una perspectiva opuesta puede llegar a sentirse, literalmente, como un ataque personal.

A todos nos gusta creer que podemos reconocer una mentira en cuanto la vemos, pero lo cierto es que nuestro cerebro no está diseñado para hacerlo. Las mentes más brillantes del mundo pueden también dejarse llevar por ilusiones y cometer errores de juicio. Curiosamente, cuanto más confiamos en nuestro propio juicio, más expuestos quedamos a los errores y tropiezos de nuestra mente. Por lo general, dejamos de cuestionarnos en cuanto *tomamos una decisión*. Por eso, una buena forma de protegerse de las afirmaciones infundadas es adoptar un enfoque de prueba y error. Esto implica someter cada idea o concepto nuevo a un período de prueba o evaluación, y no aceptarlo como válido de inmediato, por más convincente que parezca. Lo mejor de este método es que también te permite aprovechar al máximo los conocimientos respaldados por la evidencia científica, ya que te permite descartar aquello que no te resulta útil a nivel individual.

Incluso cuando hablamos de certezas científicas ya establecidas, como los beneficios de la actividad física o la importancia de dormir bien, la mejor forma de aplicarlas en la vida diaria varía según las necesidades y características de cada persona. No hay un plan de entrenamiento perfecto que se ajuste a todo el mundo, ni una sola fórmula infalible que garantice una buena noche de sueño. Esta misma ambigüedad se aplica prácticamente a cualquier pregunta compleja sobre lo que contribuye a una vida saludable y plena. Si le preguntamos a un experto, lo más probable es que responda: «depende». Un poco desalentador, ¿verdad? Pero, antes de que te fastidies, cierres el libro y lo arrojes al cubo de la basura, quiero aclarar al menos *de qué depende*. Comprender estos principios básicos reduce la incertidumbre y nos proporciona una base sólida sobre la que construir.

Sin duda, la neurociencia y la psicología pueden ofrecernos una hoja de ruta hacia el bienestar. Eso sí, en lugar de funcionar como un GPS preciso y detallado, lo que presenta se parece más a un misterioso mapa del tesoro. La X indica el destino, sí, pero ¿qué camino hay que seguir para llegar hasta él? Bueno, ahí es donde comienza la verdadera aventura.

El truco de magia que tu cerebro tiene bajo la manga

Imagina que te despiertas una mañana y, aún con los ojos entrecerrados y medio dormido, te diriges al baño. Enciendes la luz, miras al espejo... y lo que ves te deja completamente perplejo. Te quedas ahí, parado, con la esperanza de reconocer en algún momento la imagen que ves reflejada, pero nada de eso sucede. En su lugar, la confusión se apodera de ti: la persona que te devuelve la mirada es un completo desconocido.

«¿Y ese quién es?», te preguntas, viendo cómo el reflejo repite las palabras al mismo tiempo que tú. ¿Estás soñando? ¿Te has levantado sonámbulo y has acabado en casa de otra persona? ¿Será alguna clase de broma? Pero no, eres tú. O, al menos, se supone que deberías serlo.

Cuanto más tiempo te quedas ahí, más te invade una sensación de desapego. No es solo que la imagen en el espejo te resulte ajena, sino que la noción de *ti mismo* parece haber desaparecido. No has olvidado tu nombre ni tu historia; esos recuerdos siguen intactos, pero ahora parecen ser datos sobre otra persona. Tu mano se alza para coger el cepillo de dientes del lavabo, pero la sensación es extraña, como si alguien más la estuviera moviendo. ¿Cómo es posible que esto suceda?

Tendemos a dar por sentada nuestra identidad porque nos parece una parte esencial de la experiencia consciente, pero en realidad es algo que el cerebro se esfuerza constantemente por mantener. Desde el momento en el que llegaste al mundo, tu cerebro comenzó a trabajar sin pausa, filtrando innumerables sensaciones, emociones y recuerdos para dar forma a esta ilusión. Y digo «ilusión» no porque dude de tu existencia, sino porque la experiencia consciente no surge de la nada: debe ensamblarse pieza a pieza. Aunque, sin lugar a dudas, eres real y maravilloso, *existir* no garantiza que puedas percibirte a ti mismo.

Piénsalo de este modo: las fuerzas magnéticas son tan reales como la *tristeza de los domingos por la tarde*, pero no tenemos ninguna percepción consciente de ellas. Ya sé lo que estás pensando: «Por supuesto que no podemos sentir las fuerzas magnéticas. ¡No seas absurda!». Pero, en realidad, no es una idea tan disparatada. Las aves migratorias sí tienen esta capacidad; se denomina «magnetorrecepción» y les permite orientarse con una precisión tal que haría palidecer a Google Maps. A nosotros también nos habría venido de maravilla, pero, por algún capricho evolutivo, quedó fuera de nuestra rama en el árbol genealógico. Parece que nuestros antepasados ya se las apañaban bien guiándose por las estrellas y las referencias visuales, así que la selección natural dirigió sus esfuerzos hacia otras funciones, como la autoconciencia y la construcción de una identidad.

No solemos detenernos a reflexionar sobre nuestra falta de magnetorrecepción, ni sobre los mecanismos con los que el cerebro configura nuestra identidad. Simplemente damos por hecho que reconoceremos nuestro propio reflejo en el espejo porque siempre ha sido así. Nos resulta casi imposible concebir la conciencia sin una noción del yo y, sin embargo, una cosa no necesariamente implica la otra. Por un lado, está la realidad y, por otro, la interpretación que tu cerebro hace de ella. El cerebro no está diseñado para ofrecernos una visión objetiva del mundo, sino para elaborar aproximaciones. Tampoco tiene por qué garantizarnos una identidad pero, por suerte, normalmente lo hace. Por eso no solemos despertarnos cada mañana sin saber quiénes somos.

Este proceso es posible gracias a la colaboración de varias regiones cerebrales, entre las que destaca la corteza prefrontal medial (CPFm). Ubicada en la parte frontal del cerebro, la CPFm desempeña un papel clave: actúa como una directora editorial que supervisa la publicación de la historia de nuestra vida. Imagina que se pasa el día revisando y organizando grandes volúmenes de estímulos sensoriales, recuerdos y arrebatos emocionales, decidiendo qué fragmentos se incluirán en el próximo número de *Tú*, la revista trimestral. No trabaja sola, por supuesto: se nutre de la información que recopilan meticulosamente otras áreas del cerebro como el hipocampo, el principal centro de procesamiento de la memoria. Gracias a la atenta mirada de la CPFm, tu identidad se percibe como algo estructurado y coherente. Es aquí donde todas las piezas de tu personalidad encajan y se entrelazan.

La corteza cingulada anterior, o CCA, es la mano derecha de la CPFm, una escrupulosa supervisora que detecta incoherencias en tus creencias y comportamientos. Es como si tuviéramos un detector de mentiras interno, pero, en lugar de detectar las mentiras que nos dicen los demás, se especializa en destapar las que nos decimos a nosotros mismos. Pongamos un ejemplo concreto: después de varias semanas diciendo que ya no te afecta y que has recuperado tu seguridad, caes en la trampa de escribirle a esa persona que apenas te presta atención, quedando en evidencia y contradiciendo todo tu supuesto empoderamiento. La CCA llega rápidamente al lugar de los hechos con una bandera roja en alto y empieza a movilizar las áreas cerebrales encargadas del dolor para que puedas sentir físicamente el malestar provocado por este conflicto interno, fenómeno conocido como disonancia cognitiva. *¡Ah,* *vaya! Eh, gracias, CCA. Muy útil, de verdad. *Se aclara la garganta*.*

La corteza insular anterior (o «ínsula» para los amigos) es una de las aliadas que la CCA convoca para llevar a cabo esta agradable (*e increíblemente útil*) sensación paralizante de la disonancia cognitiva. Imagina que la ínsula es la editora de la percepción interna del cerebro, responsable de supervisar e informar de cada detalle de las sensaciones corporales y estados emocionales. Maneja un flujo de información constante y recibe actualizaciones en tiempo real sobre el estado fisiológico del cuerpo. ¿Ese aumento del ritmo cardíaco es por emoción o por ansiedad? ¿Esa sensación en el estómago indica hambre o estrés? La ínsula lo sabe y ajusta el tono editorial para que refleje lo que realmente está ocurriendo. Tus emociones son una parte fundamental de quién eres y de las decisiones que tomas, no lo olvides. Y lo mismo ocurre con el cuerpo que habitas.

La supervisión del cuerpo está a cargo de la unión temporoparietal (o UTP, para ser más concisos). Se podría decir que la UTP es como una columnista de cotilleos con excelentes fuentes, siempre enterada de todo lo que sucede en la ciudad. Recibe todas las novedades sensoriales y constantemente recopila datos provenientes de las cortezas somatosensorial, motora, visual y auditiva. Incluso los músculos tienen voz en esta conversación, ya que envían informes constantes sobre la posición de cada parte del cuerpo, una función de lo que llamamos nuestro «sexto sentido»: la propiocepción. *No hay que confundirla con* El sexto sentido, *la película de finales de los años noventa que, como podrás imaginar, no fue precisamente la mejor campaña de marketing para la propiocepción.* Gracias a esta información privilegiada, la UTP siempre tiene material para analizar y actualizar en todo momento la historia de quién eres, incorporando cada detalle sobre el cuerpo que habitas.

Pero las habilidades sociales de la UTP van mucho más allá de este cotilleo sensorial. Esta estructura domina a la perfección las normas sociales y de etiqueta, lo que te permite desenvolverte con mayor facilidad en el complicado mundo de las relaciones humanas.[9] Cuando estás en una cena y te preguntas si deberías tomar el último aperitivo de la bandeja, la UTP revisa a toda velocidad su manual interno de normas sociales para ayudarte a decidir.

Si bien es poco probable que estas regiones cerebrales lleguen a fallar hasta el punto de hacerte perder por completo la noción de quién eres, sí pueden verse afectadas por factores que dificultan mantener una identidad sana y feliz. No tenemos tanto control sobre esto como solemos creer, y no existen atajos ni *«neurohacks» mágicos que nos permitan intervenir directamente en su funcionamiento.*

Si hay una lección valiosa que puedes sacar de todo esto, es que nuestro cerebro tiene su propia personalidad. Nos gusta pensar que somos nosotros quienes tomamos las decisiones, pero la realidad es otra: sin que lo notemos, el cerebro trabaja tras bambalinas, reorganizando a su antojo el escenario de nuestros pensamientos y hábitos. Se deja llevar por sus propios impulsos, guiando nuestro comportamiento de forma sutil pero constante, e influyendo en nuestro comportamiento de maneras que apenas llegamos a percibir. Estos mecanismos invisibles condicionan nuestra vida mucho más de lo que nos gustaría admitir, y no hay mucho que podamos hacer para evitarlo. Sin embargo, *sí puedes* controlar con qué alimentas a la bestia.

Tienes la capacidad de moldear tu cerebro si diriges tu atención con criterio, eliges bien tu entorno y seleccionas cuidadosamente la información a la que lo expones. Tal vez pienses que puedes pasarte dos horas seguidas haciendo *doomscrolling* y atiborrarte de contenido hecho especialmente para indignarte sin que pase nada, pero tu cerebro toma nota de todo. Absorbe cada dato sin discriminar y recopila material para sus próximos impulsos y decisiones espontáneas. Si empezamos a controlar a qué exponemos nuestro cerebro, será mucho más probable que se alinee con nuestras intenciones más nobles.

En lo que queda de este capítulo, te encontrarás de nuevo con la CPFm, el hipocampo, la CCA, la ínsula y la UTP. Exploraremos cómo su funcionamiento puede verse afectado por las exigencias del mundo moderno y cómo puedes gestionar mejor los estímulos a los que lo expones, para que te devuelva el favor y coopere un poco más contigo. Por ahora, imagina que la anatomía del cerebro sigue la lógica de una obra de Chéjov: cada neurona es una pistola cargada, lista para dispararse en el segundo acto.

El traje nuevo del emperador: ¡Enlace en la bio!

Nuestra obsesión colectiva con la identidad no es un fenómeno moderno, sino un instinto primario que se remonta a nuestros antepasados que vagaban por la sabana. Los primeros *Homo sapiens* ya buscaban formas de establecer y reforzar su identidad. Las excavaciones arqueológicas han revelado un mundo sorprendentemente sofisticado, repleto de adornos que, con toda probabilidad, servían como símbolos de identidad y estatus social.[10] Por ejemplo, imagina a un cazador luciendo un collar hecho con los dientes de sus presas. No lo llevaba solo por una cuestión estética, sino como una declaración: «Contemplad mis collares y sabed que soy un miembro valioso del grupo, pues tengo el coraje y la destreza para garantizar el sustento con un buen estofado de mamut».

En las antiguas sociedades, la identidad se llevaba puesta, ya fuera alrededor del cuello, sobre la cabeza o grabada en la piel, probablemente porque tenía una clara función social. Era una especie de código visual, un lenguaje de símbolos que permitía transmitir cuestiones sociales complejas con un simple vistazo. En aquel entonces, si tu tribu no te reconocía y aceptaba, estabas perdido. Formar parte de ella significaba seguridad, acceso a recursos y una menor probabilidad de ser arrollado por una estampida de bisontes. La identidad no se trataba tanto de destacar como de pertenecer, ser reconocido y, por qué no, caer bien. En un mundo donde la exclusión podía equivaler a una sentencia de muerte, nuestros antepasados desarrollaron una fuerte conciencia de la propia identidad y, aún más importante, de la ajena.

Hoy día, en plena era digital, lo que está en juego es mucho menos que por aquel entonces. *Por suerte, no es tan común morir aplastado en una estampida de bisontes.* Aun así, nuestros impulsos siguen siendo los mismos: queremos que los demás nos reconozcan, pertenecer y proyectar una identidad. Solo que ahora, en lugar de lanzas, empuñamos *smartphones* y, en vez de limitarnos a nuestra tribu local, difundimos nuestra identidad a escala global. Este cambio de contexto no es meramente superficial: tiene un impacto real en cómo percibimos y comunicamos nuestra identidad.

Porque si hay algo que define a los seres humanos es que somos, irremediablemente, criaturas sociales. Desde el momento en el que nacemos, comenzamos a observar nuestro entorno en busca de referencias sobre cómo debemos comportarnos. Aprendemos a caminar, hablar y usar los cubiertos observando e imitando a los humanos mayores que nos rodean. Incluso en la edad adulta, el aprendizaje social es la base de la interacción humana, pues no podemos evitar que nos dejemos influenciar por lo que los demás dicen y hacen. Es un proceso casi automático, no tomamos conciencia de que lo estamos haciendo,[11] sino que nos adaptamos sin darnos cuenta para encajar en nuestro círculo social, igual que los camaleones cambian de color para camuflarse en su entorno.

Cada espacio social (ya sea físico o digital) funciona como una sala de espejos, donde los comportamientos se reflejan y amplifican infinitamente. Así es como establecemos, aprendemos y renegociamos las reglas tácitas que rigen nuestro comportamiento en sociedad, lo que comúnmente se conoce como «normas sociales». Por ejemplo, todos sabemos que pedir indicaciones a un desconocido es perfectamente aceptable, pero no así pedirle un bocado de su comida. No es algo que nos hayan enseñado de manera explícita, sino que lo hemos aprendido de forma intuitiva gracias a la UTP. Esta región del cerebro se encarga de identificar patrones en las interacciones sociales y, a partir de ellos, ajustar nuestro comportamiento y nuestra identidad para que encajen con las expectativas de la sociedad.

Este instinto de imitación es fundamental para desarrollar las habilidades básicas para la vida, pero puede volverse problemático en situaciones más complejas. En el mundo digital, por ejemplo, nos movemos en un espacio donde el comercio adopta la apariencia de un entorno social. Pasamos buena parte de nuestro tiempo en un contexto donde la línea entre la interacción social y la publicidad dirigida se vuelve cada vez más borrosa. Nuestra necesidad innata de definir quiénes somos sigue intacta, pero las señales que usamos para hacerlo han sido apropiadas por plataformas cuyo objetivo es que gastemos dinero. Y es que mezclar productos con interacciones sociales es una estrategia increíblemente eficaz para incentivarnos a consumir.

Volvamos a nuestro cazador paleolítico, que lleva con orgullo un collar de dientes de sus presas como símbolo de su identidad. Los miembros de su tribu, al observar su éxito, empiezan a asociar estos collares con la habilidad para cazar. Con el tiempo, esta asociación empieza a consolidarse: una y otra vez, ven que los mejores cazadores llevan puestos este tipo de trofeos y los más jóvenes, al alcanzar la madurez, comienzan a hacer lo mismo. ¿Por qué? Porque, en su mente, eso es lo que usan los cazadores. No es una decisión deliberada, sino la adopción instintiva de un elemento que identifican como la marca distintiva del rol que aspiran a desempeñar.

Este mismo mecanismo explica por qué hoy en día asociamos ciertos productos o marcas con identidades concretas. Si todos los *influencers* de bienestar que sigues utilizan la misma botella de agua, con el tiempo es probable que asocies ese objeto con la idea misma del bienestar. El significado original del símbolo es irrelevante; lo que importa es el significado que le atribuimos colectivamente. Por eso, si para ti el bienestar es una prioridad, comprar una de esas botellas terminará pareciéndote una elección lógica.

Aquí entran en juego dos factores clave: la repetición y la omnipresencia, porque son los que forjan la percepción de una norma social establecida. Cuando vemos una y otra vez que ciertos productos aparecen asociados a un estilo de vida o a un tipo de persona en particular, nuestro cerebro establece conexiones automáticas, vinculando señales comerciales con los valores que parecen representar. Y, como nos movemos en un entorno social, no nos limitamos a observar y absorber esta información; también imitamos estos comportamientos, muchas veces sin ni siquiera preguntarnos por qué. Las marcas explotan este rasgo de nuestra cognición para crear ecosistemas enteros donde cada producto se alinea con una identidad concreta. No venden solo productos; venden estilos de vida, comunidades y formas de ser. Lo más increíble de todo es que este sistema da la impresión de surgir de manera orgánica, como un mensaje subliminal que opera por debajo del umbral de nuestra consciencia. Poco a poco, y sin que nos demos cuenta, nuestra forma de entender la identidad ha sido moldeada por la mano invisible del mercado.

Cada vez que *scrolleamos* o hacemos clic en algo, estamos aprendiendo una nueva lección en este lenguaje de la identidad, donde el *ser* ha sido reemplazado por el *comprar*. En el mejor de los casos, esto solo nos llevaría a comprar una pila de objetos innecesarios. Pero las normas sociales impuestas por el mercado no solo afectan nuestro bolsillo, sino que también pueden influir profundamente en la percepción de quiénes somos.

Antes, la identidad se forjaba a partir de la experiencia. Se construía con años de práctica, tras superar ciclos de errores y aciertos en los que cada pequeño logro sumaba al aprendizaje. Nuestra identidad estaba directamente ligada a cómo empleábamos el tiempo y en qué actividad nos destacábamos. El cazador no se ponía el collar de dientes solo como adorno: toda su vida giraba en torno a las habilidades que hacían posible conseguirlo. El diente no era solo la prueba de una cacería exitosa, sino también del tiempo invertido en rastrear, perseguir y desarrollar la destreza necesaria para evitar convertirse en la presa del animal que intentaba capturar. Ese proceso, con todas sus dificultades y peligros, era lo que lo convertía en un *buen* cazador. Pero, sobre todo, era lo que le hacía *sentirse* un cazador. El hipocampo no almacenaba esos recuerdos como simples datos sin más, sino que los enviaba de inmediato a la CPFm con una instrucción clara: «Actualización de identidad: integrar de inmediato». La CPFm, directora editorial de nuestra identidad, asimilaba esa información y la incorporaba en nuestra personalidad: «Bien, otra prueba más de que somos un cazador experimentado». Cuando vivimos de acuerdo con nuestros valores, nuestras experiencias envían señales claras y consistentes para que la CPFm construya una identidad sólida.

Hoy en día, podemos simplemente comprar el collar de dientes. O, mejor dicho, su equivalente actual, que bien podría ser una botella de agua de lujo o un reloj de alta gama. Está claro que estos productos creados para proyectar nuestra identidad pocas veces refuerzan los valores que dicen representar. Cuando la imagen que mostramos choca con nuestro comportamiento real, podemos sentir un vértigo existencial: la CPFm se ve forzada a crear una narrativa que mantenga la coherencia sobre quiénes somos. Ahí es donde entra en acción la CCA, cuya misión consiste en detectar incoherencias y resolver conflictos en nuestra historia personal, y vaya si tiene trabajo. Cuando la CCA empieza a contrastar los recuerdos de nuestras experiencias reales con estas señales externas, salta la alarma. «Espera un momento —dice, dando un sorbo de café con preocupación—. Estas dos historias no encajan ni de lejos. ¡Estamos ante un claro caso de disonancia cognitiva!».

Nos obsesionamos tanto con demostrar que encajamos que terminamos perdiendo de vista quiénes queremos ser realmente. Pero, en el fondo, tampoco es del todo culpa nuestra. El cerebro se esfuerza por interpretar este supuesto entorno social y proyectar nuestra identidad para asegurarnos un lugar en la «tribu» y así garantizar nuestra seguridad. El problema es que esto suele dejarnos con una incómoda sensación de vacío, como si nos faltara algo, aunque no sepamos bien qué. Es el equivalente psicológico al síndrome del miembro fantasma, solo que, en lugar de echar en falta una extremidad, lo que nos falta es una identidad auténtica.

Esta paradoja tiene dos consecuencias clave. Por un lado, nos privamos de la confianza y la seguridad que surgen de la experiencia y la adquisición de habilidades. Por otro, nos negamos la posibilidad de descubrirnos a nosotros mismos a través del proceso de aprendizaje. Cuando nos saltamos el recorrido y vamos directamente al resultado final, nos perdemos todas las oportunidades inesperadas de exploración y desarrollo. Y esas oportunidades son precisamente las que aportan profundidad y matices a la identidad. Tal vez nuestro cazador comenzara siguiendo el rastro de mamuts, pero en el proceso descubriera que se le daba mejor capturar presas más pequeñas y ágiles, por ejemplo. O quizá, mientras seguía a una manada, tropezó con un árbol frutal desconocido y terminó convirtiéndose en el primer botánico de la tribu. Si nunca exploramos a fondo la identidad que elegimos, nos estamos privando de la oportunidad de crecer y evolucionar dentro de ella.

Pero también puede ocurrir lo contrario: tener la experiencia real, pero no los productos que la acompañan. Y este, me atrevo a decir, es uno de los conflictos de identidad más comunes en la sociedad de consumo. Imagina un mundo en el que la habilidad para cazar ya no se demostrara con un collar de dientes, sino con la posesión de un determinado tipo de cristal. Un objeto arbitrario, sin ninguna relación con la destreza real que se necesita para cazar. Podrías ser el mejor cazador de la historia, capaz de abatir presas con una simple mirada, pero, si no tienes el cristal adecuado, la sociedad te seguiría considerando un principiante. Una vez que la UTP registre esta nueva norma social, la CCA se verá envuelta en un dilema: la identidad forjada a través de la experiencia real frente al nuevo estándar impuesto por la sociedad por *la falta de un cristal*. De repente, tu identidad se convierte en una pregunta sin respuesta, una duda que te asalta cada vez que te cruzas con un cazador que sí lleva su cristal.

Quizá te parezca exagerado, pero estamos rodeados de señales de identidad moldeadas por el mercado, diseñadas para cumplir precisamente esa función. Piensa en esto por un segundo: si te pido que imagines a una mujer apasionada por el *fitness*, ¿qué imagen te viene a la mente? Déjame adivinar: mallas caras, una estética perfectamente calculada y diseñada por un comité de adolescentes y diosas griegas, y unos glúteos tan esculpidos que tienen su propio campo gravitatorio. ¿Acerté? Las *influencers* de *fitness* son indiscutiblemente atractivas, y no cabe duda de que entrenan con disciplina para mantener su físico. Pero hay muchos atletas que entrenan igual de duro y no tienen ese aspecto.

De hecho, en la mayoría de los casos, mantener la imagen de una *influencer* suele requerir una dedicación a tiempo completo. Las *influencers* de *fitness* disponen del tiempo, el dinero y los recursos para conseguirlo, pero el factor más importante es que su disciplina es el fisicoculturismo y su medio de vida, la creación de contenido. Ahora bien, si soy gimnasta o jugadora de rugby y paso más de cuarenta horas semanales atada a un escritorio, mis objetivos son totalmente distintos. Y, aunque alcance mis metas y gane mi collar de dientes, si no tengo los glúteos hipermarcados, ropa deportiva de lujo y la piel impecable, sentiré que no lo he conseguido del todo. Mi CPFm intenta hacerme entrar en razón: «No olvides el entrenamiento de esta mañana. ¡Toda la fuerza que has ganado sigue ahí!». Pero entonces interviene la TPJ para recordarme las normas sociales: «Odio ser quien te lo diga, pero, según las normas actuales, si no lo haces con los abdominales marcados y una sonrisa, no cuenta». Hemos creado un mundo donde aparentar que tenemos valores importa más que encarnarlos y vivir de acuerdo con ellos, lo que acaba generando un cortocircuito en nuestra identidad.

Recuerda: debes controlar con qué alimentas a la bestia. Cuida tu entorno digital y reduce al mínimo la exposición a estas señales diseñadas por el mercado. Cuanto menos las veas, menos influencia tendrán sobre tu percepción de las normas sociales. Y si te resulta difícil apartar la mirada, al menos evita interactuar con ese contenido comercial con «me gusta», comentarios o contenidos compartidos. Este pequeño acto de resistencia no solo envía un mensaje a tu cerebro, sino también al algoritmo que personaliza tu *feed*, indicándole que, si quiere captar tu atención, más le vale mostrarte conexiones reales y menos escaparates publicitarios.

También puedes crear una segunda cuenta de Instagram en la que solo sigas a amigos, familiares y perfiles sin intereses comerciales.

Sí, ellos también forman parte de este ecosistema, y es posible que, sin darse cuenta, refuercen estas dinámicas. La mejor manera de contrarrestarlo es interactuar activamente con sus publicaciones más genuinas. Cuando veas a alguien viviendo de acuerdo con sus valores, apóyalo. Cada «me gusta», comentario, sonrisa o mensaje de ánimo es un voto a favor de un mundo más genuino.

En un mundo donde casi cualquier cosa puede interpretarse como un postureo, a veces lo mejor que podemos hacer es una pausa y preguntarnos qué es lo que realmente queremos comunicar. Pregúntate qué es lo que valoras de verdad y enfoca tu energía en vivir de acuerdo con esos principios.[12] Si te encuentras con ejemplos de identidades prefabricadas que te hacen dudar de tu propio valor o te empujan al consumo impulsivo, tómate un minuto y pregúntate: «¿Esto se alinea con mis valores? ¿Cuál es la verdadera intención detrás de este mensaje?». Este ejercicio no trata de juzgar a los demás, sino de crear un filtro que proteja tu mente de absorber señales externas sin cuestionarlas.

El interrogante de quiénes somos nos acompaña a lo largo de toda nuestra vida. Pero el vértigo existencial que a veces sentimos no surge de esa pregunta en sí, sino de otra: «¿Quién soy para los demás?». Gran parte de nuestra búsqueda de identidad es un truco evolutivo diseñado para ayudarnos a encajar en la sociedad. Más allá de los collares de dientes y las mallas caras, las personas que nos rodean influyen en la percepción que tenemos de nosotros mismos mucho más de lo que estamos dispuestos a admitir.

Espejito, espejito: ¿todavía te gusto?

La autoestima suele promocionarse como si se tratara de un proyecto individual: un sólido escudo contra los golpes y embates de la vida. Pero, en realidad, funciona más como un sociómetro de alta precisión, que escanea las reacciones sociales y se reajusta constantemente a partir de esa información.[13, 14] Si la autoestima fuera un personaje de dibujos animados, creo que sería un héroe noble, con el pecho hinchado y la capa al viento. Pero la verdad es que se parece más a una mascota necesitada, que llora por atención y validación constante: cada cumplido es una golosina, cada crítica, un golpe en el hocico con un periódico enrollado. Este proceso involucra muchas de las regiones cerebrales que ya hemos explorado en relación con la identidad. La CPFm entra en acción cuando recibimos cumplidos o críticas, ajustando la autoestima en tiempo real. La CCA, que actúa como una detectora de conflictos, se encarga de identificar cualquier discrepancia entre nuestras expectativas y la realidad. Mientras tanto, la ínsula procesa la reacción emocional ante estos estímulos.[15] Esa satisfacción que sentimos cuando alguien comparte nuestro ingenioso comentario en las redes sociales es, en realidad, el cerebro enviando una señal de aprobación. Pero si intentas hacer un chiste y te encuentras con un silencio incómodo, tu cerebro se convierte en el heraldo del desastre para tu autoestima. La CCA detecta la anomalía y lanza la alerta: «¡Desajuste detectado! El intento de broma no generó respuesta alguna», anota meticulosamente. *Sí. Gracias, CCA. Ya me había dado cuenta.* Luego interviene la ínsula con una sensación de incomodidad y, por último, la CPFm toma el relevo para actualizar tu historia.

Estas fluctuaciones en la autoestima tras una interacción social pueden afectar significativamente al bienestar mental, aunque algunas personas son más sensibles a este sociómetro que otras. Mientras que algunos consiguen superar un traspié sin mayor problema, otros pueden sentir cómo su autoestima se desploma en cuestión de segundos. Sin embargo, desde el punto de vista neurobiológico, este es un terreno bastante difícil de explorar. Para empezar, acceder al cerebro no es tarea fácil: está protegido por una auténtica fortaleza de huesos, líquido y membranas. Incluso se blinda ante el resto del cuerpo con su propia barrera de seguridad, la barrera hematoencefálica, que actúa como un portero bioquímico que filtra cualquier molécula que intente colarse sin invitación. Ni siquiera la sangre puede entrar sin autorización: «Disculpe, caballero. ¿Sabe usted con quién está hablando?».

¡Ay, por favor, sangre! No montes un escándalo. Ya conoces las reglas. La evolución ha desarrollado estos mecanismos de protección para reducir al mínimo los riesgos que conlleva la *extrema* vulnerabilidad del cerebro. Pero, paradójicamente, eso mismo hace que su estudio sea tan complejo. No podemos abrir un cráneo como si nada, echar un vistazo al cerebro y volver a cerrarlo sin más. Incluso la biopsia más pequeña podría alterar su funcionamiento y, con ello, afectar a la persona en su totalidad. Basta el más leve contacto con un dedo para dañar el tejido cerebral, cuya consistencia es similar a la de un flan que aún no ha terminado de cuajar. Dentro de su caja ósea, se mueve como una medusa inquieta, confiando en que nadie consiga traspasar sus defensas.

Por ello la neurociencia se ve obligada a estudiar el cerebro humano a distancia, empleando herramientas que solo pueden ofrecer respuestas parciales. Para compensar estas limitaciones, recurrimos a modelos computacionales, estudios con animales y análisis de tejido *post mortem*. Cuando conseguimos observar directamente el cerebro vivo en acción (siempre con métodos no invasivos), utilizamos técnicas como la resonancia magnética funcional (fMRI, por sus siglas en inglés), que mide la actividad cerebral a partir de los cambios en el flujo sanguíneo, o el electroencefalograma (EEG), que registra las señales eléctricas del cerebro mediante electrodos colocados en el cuero cabelludo. Este tipo de procedimientos nos permiten obtener imágenes de la actividad cerebral, aunque con una resolución limitada. Además, cualquier intento de intervenir en un cerebro vivo exige una planificación meticulosa. A la hora de realizar una investigación, el procedimiento ideal consiste en medir una variable, aplicar una intervención precisa y controlada y, después, analizar los cambios que se producen. En el mundo de la biología experimental existen miles de sustancias químicas, impulsos eléctricos y pequeños ajustes que pueden emplearse para modificar distintos sistemas biológicos. Sin embargo, cuando se trata del cerebro, casi ninguno de ellos puede aplicarse sin provocar graves consecuencias. Esto nos deja con una sola estrategia para manipular el cerebro de un ser vivo: interactuar con la persona que lo alberga (sin provocar daños psicológicos, claro está).

Dentro de los procesos neuronales, hay un grupo que se adapta especialmente bien a estas condiciones: los errores de predicción. El cerebro, en el fondo, funciona como un sofisticado sistema de simulación. En lugar de limitarse a procesar la realidad en tiempo real, genera predicciones dinámicas sobre el mundo exterior basándose en experiencias previas, patrones y, a veces, puras conjeturas. Cada imagen, sonido o sensación que percibes pasa primero por este filtro predictivo, mientras tu cerebro susurra sus profecías a tu percepción consciente. Lo más fascinante de este sistema es su eficiencia: al apoyarse en predicciones, reduce la carga cognitiva y evita procesar cada estímulo desde cero. Cuando las expectativas coinciden con la realidad, el cerebro sigue funcionando sin sobresaltos. Pero si se produce una discrepancia, reacciona de inmediato para ajustar su modelo del mundo. Los errores de predicción son las migas de pan que deja atrás mientras actualiza este modelo, y nos ofrecen una ventana única para estudiar su funcionamiento sin necesidad de intervenir físicamente.

Estos errores pueden adoptar distintas formas, cada una con una función específica según el contexto. Los errores de predicción motora, por ejemplo, contribuyen a la calibración del movimiento, mientras que los errores de predicción cognitiva regulan los procesos de toma de decisiones. Podemos imaginarlos como un código morse, en el que cada mensaje se transmite mediante patrones únicos de actividad neuronal, detectables mediante técnicas como la resonancia magnética o el EEG. Analizar estos errores nos permite observar en tiempo real cómo ajusta el cerebro su percepción, sus decisiones y su conducta, estableciendo así una conexión directa entre la actividad cerebral y el comportamiento.

Las interacciones sociales son un complejo entramado de expectativas y respuestas. Cada sonrisa, asentimiento o gesto puede alterar las predicciones de tu cerebro, obligándolo a recalibrar su modelo mental sobre tu posición en el entorno social. Y el término técnico para ese modelo es… *(redoble de tambores)* ¡autoestima!

La capacidad de gestionar los traspiés en las interacciones sociales depende, en parte, de cómo procesa el cerebro estos errores de predicción social. Si volvemos al ejemplo del chiste que no provoca la reacción esperada, la CCA, la ínsula y la CPFm trabajan en conjunto para analizar la situación. Sin embargo, si la ínsula se pasa de trabajo, la sensación de rechazo puede acentuarse aún más.[16] No se trata solo de la magnitud de los errores de predicción, sino también de cómo reajusta el cerebro su modelo mental en respuesta. Por ejemplo, una mayor conexión entre la ínsula y la CPFm durante este proceso puede generar fluctuaciones más pronunciadas en la autoestima.[17, 18] A medida que el cerebro se adapta a las respuestas que recibe del entorno, una fuerte asociación entre las reacciones emocionales de la ínsula y el enfoque autorreferencial de la CPFm puede dejar una huella más profunda, un patrón muy frecuente en aquellas personas que tienen alta sensibilidad al rechazo o una autoestima más baja.[19, 20, 21] Del mismo modo, hay cerebros que destinan más recursos a procesar las críticas negativas, pero apenas registran los errores de predicción positivos, un fenómeno conocido como «sesgo de aprendizaje distorsionado». [22, 23] En la práctica, esto significa que quien lo padece siente el rechazo con mayor intensidad, mientras que casi no percibe las muestras de apoyo o reconocimiento.

Estas respuestas pueden variar muchísimo, no solo entre personas, sino también según la situación. Un mismo hecho puede interpretarse de forma diferente dependiendo del cerebro que lo procese, las circunstancias, la hora del día y un sinfín de otros factores. Nuestra predisposición a reaccionar de una forma más positiva o negativa depende de la combinación entre nuestra genética y nuestras experiencias, pero lo cierto es que la mayoría de nosotros nunca llegaremos a comprender del todo cómo procesa nuestro cerebro el rechazo. Por lo que sabemos, el tuyo podría ser especialmente resiliente ante los errores de predicción social. Y lo digo porque tú (y tu cerebro) tenéis la asombrosa capacidad de modelar la realidad a través de la imaginación. Por eso, es fundamental mantener a raya el pesimismo, el determinismo y cualquier otro «ismo» que imponga una visión oscura de la realidad.

Tomar conciencia de esta variabilidad en nuestras respuestas puede ser liberador, siempre que lo afrontemos con sensatez. Es totalmente válido aceptar que no todos percibimos la realidad de la misma manera, especialmente en los momentos difíciles, cuando perdonarse a uno mismo no es para nada fácil. Pero, al igual que las personas, el cerebro suele funcionar mejor cuando no se espera lo peor de él. Encontrar este equilibrio no es sencillo, lo sé; por un lado, aceptar que nuestra salud mental está condicionada por factores fisiológicos; por otro, confiar en que el cambio positivo sigue estando en nuestras manos. Por difícil que sea, espero que puedas aplicar esta perspectiva a otros ámbitos de tu vida.

Asimismo, es importante entender que la autoestima, por definición, es inestable. Fluctúa constantemente en función del estado de ánimo, el contexto social y muchos otros factores que están fuera de nuestro control. Si bien la autoestima *puede ser* un gran impulso emocional, su volatilidad hace que necesitemos un recurso más sólido, un apoyo más fiable a lo largo del tiempo. Déjame presentarte una alternativa más estable y menos caprichosa, pariente cercana de la autoestima: la autocompasión. *(Que suene la elegante música de una orquesta de cámara, por favor).*

Conócete a ti mismo, sé amable contigo mismo

Sí, sí. Ya sé lo que estás pensando. Parece la típica frase motivacional, ¿verdad? Pero no lo es. No se trata de una idea superficial, sino de una herramienta psicológica poderosa, con un sólido respaldo científico. A diferencia de la frágil autoestima, que sube y baja según nuestros éxitos y fracasos, la autocompasión nos brinda un refugio estable, fundamental para construir una identidad fuerte en el mundo actual.

Los estudios han demostrado una y otra vez que la autocompasión está relacionada con una mayor resiliencia emocional y una autoestima más equilibrada. [24, 25, 26, 27, 28, 29] Además, ayuda a amortiguar el impacto del rechazo social al reducir la rumiación y la vergüenza. [30] Pero no es solo un mecanismo de defensa, también fomenta hábitos que mejoran la calidad de vida, como cuidar la salud o gestionar el estrés antes de que se desborde. [31]

Y no es solo una cuestión de sentirse mejor: la autocompasión puede cambiar la forma en la que el cerebro reacciona ante el fracaso y el rechazo. Diferentes estudios con fMRI han demostrado que tratarse con autocompasión puede influir en las respuestas neuronales a amenazas sociales o autoimpuestas, incluida la regulación de una ínsula hiperactiva. [32, 33, 34] En cierto modo, la autocompasión actúa como un ancla emocional que nos mantiene con los pies en la tierra. Mientras que la autoestima se tambalea como una tía borracha ante cada gesto de aprobación o desaprobación, la autocompasión se mantiene firme, incluso cuando has caído de bruces en el barro. De hecho, sobre todo en esos momentos.

Hay quienes creen que la autocompasión no es más que una excusa para compadecerse de uno mismo o para caer en la flojera. *Prácticamente puedo oír los discursos sobre el esfuerzo y la autosuperación.* Pero la auténtica autocompasión no consiste en revolcarse en el sufrimiento, sino en aceptarlo sin dejar que nos hunda. Es un proceso activo que nos exige asumir la responsabilidad de nuestros actos, sin perder de vista nuestro valor intrínseco. El crecimiento personal, por tanto, no surge de la sensación de no ser suficiente, sino del genuino deseo de cultivar nuestro bienestar. Y, curiosamente, la evidencia científica respalda que este enfoque refuerza nuestra motivación para trabajar en aquellos aspectos de nuestra vida en los que sentimos que flaqueamos.[35, 36] Es fácil caer en la trampa de creer que ser duros con nosotros mismos de alguna forma nos hará más fuertes. Cuando, en realidad, lo que suele generar es ansiedad y miedo al fracaso. En cambio, la autocompasión nos proporciona la seguridad necesaria para probar, equivocarnos y volver a intentarlo, con la tranquilidad de saber que siempre tendremos un refugio al que volver.

Esta noción no es nueva: ya estaba presente en la antigua Grecia. Sócrates y los estoicos defendían que la autoconciencia debía abordarse desde una perspectiva más equilibrada, como lo expresa la célebre máxima «Conócete a ti mismo», que da nombre a este capítulo. A simple vista, el mensaje parece claro: explorar y entender nuestros gustos, fortalezas y debilidades. Y este ejercicio tiene un valor enorme. La psicología positiva ha demostrado que identificar nuestras fortalezas (y encontrar la forma de aplicarlas en la vida cotidiana) mejora la resiliencia, el bienestar y refuerza nuestra identidad. [37, 38, 39, 40] Pero también se puede hacer una lectura más profunda: «Conócete a ti mismo» no solo nos invita a la introspección, sino también a adoptar una mirada más compasiva sobre nuestro lugar en el mundo. Es reconocer que todos estamos en un proceso de aprendizaje, tratando de avanzar lo mejor que podemos.

Es cierto que los griegos no grabaron en sus templos la frase «Sé amable contigo mismo», quizá porque hubiera desentonado con la estética estoica que buscaban. Sin embargo, la esencia del mensaje sigue ahí. En los diálogos de Platón, Sócrates alentaba a sus interlocutores a examinar su propia vida con honestidad y humildad. Para él, afrontar nuestras limitaciones en lugar de ignorarlas era una vía de acceso a la sabiduría. Dentro de esas enseñanzas clásicas se esconde un antídoto contra nuestra obsesión por alcanzar la perfección: aprender a aceptar nuestras imperfecciones como un acto de amabilidad hacia nosotros mismos.

Conocerse a uno mismo, en toda su complejidad, virtudes y defectos incluidos, es la base sobre la que se construye la autocompasión. Ejercitar la introspección implica estar dispuesto a explorar tanto los aspectos positivos como los más incómodos de nuestro carácter, ya que todos ellos forman parte de lo que somos. Obsérvate con curiosidad y sin juzgarte. Cuando consigues ver tus defectos sin la distorsión de la autocrítica y el desprecio, empiezas a percibirlos por lo que son: aspectos de ti que puedes comprender, en lugar de rechazar.

Y, por encima de todo, aprende a hablarte con amabilidad. En los momentos difíciles o cuando tu diálogo interno se vuelve cruel, hazte una pregunta: ¿qué le dirías a un amigo si estuviera en tu situación? ¿Cómo responderías? Seguramente, no le dirías que es un fracasado ni que sus objetivos son inalcanzables. *O eso espero.* Lo más probable es que intentaras calmarlo con algo como:

«Equivocarse es humano. La próxima vez lo harás mejor». Ahora, dirige esas mismas palabras hacia ti mismo. Al principio puede parecer extraño o incluso absurdo, pero, como cualquier otra habilidad, mejorarás con la práctica. Es como aprender otro idioma. Con el tiempo, empezarás a cuestionar esa voz severa que intenta imponerse en tu mente y te darás cuenta de que en realidad no te pertenece, que solo es el eco de críticas y comentarios ajenos que has interiorizado. Y cuando tomes conciencia de ello, aprenderás a dejarlos ir y a preservar intacta tu identidad en constante evolución.

Resumen del capítulo

Sé el científico y el sujeto del experimento. Acércate al crecimiento personal con curiosidad y apertura, con la idea de experimentar. Lleva un registro de tus experiencias e identifica qué estrategias te funcionan y cuáles no. Ajusta o descarta aquello que no encaje contigo ni con tus necesidades.

Controla con qué alimentas a la bestia. Sé selectivo con tu atención. Elige con cuidado los estímulos y la información a los que expones a tu cerebro, ya que absorbe hasta el más mínimo detalle.

Toma distancia del mercado de identidades. Cuida tu entorno digital y reduce al mínimo la exposición a los perfiles que intentan proyectar una identidad influenciada por el mercado y el consumismo. Reflexiona sobre cuáles son tus verdaderos valores y procura que tus decisiones estén en sintonía con ellos. Cuando veas que los demás también viven en sintonía con sus valores, bríndales tu apoyo; es como darles un empujón para continuar en esa dirección, reforzando una cultura más auténtica.

Sé amable, no determinista. Entiende que no todos vivimos la realidad de la misma manera y que la tuya está condicionada, en parte, por factores fisiológicos. Aunque también es importante que sepas que tenemos margen para actuar, tomar decisiones y que podemos cambiar y crecer.

Cultiva la autocompasión. Anímate a conocerte a ti mismo, con todo lo bueno y lo malo que eso implica, sin juzgarte. Identifica cuáles son tus fortalezas y date todas las oportunidades de ponerlas en práctica. Asume que los fracasos son parte del aprendizaje, y háblate con la misma empatía que ofrecerías a un amigo.

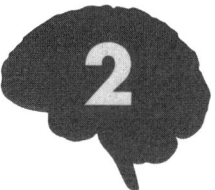

Cuando todo se te haga cuesta arriba, activa el disfrute

Solo hace falta darse una vuelta por la sección de autoayuda de cualquier librería para encontrarse con un auténtico catálogo de aspiraciones humanas, repartidas en cientos de títulos diseñados para captar nuestra atención. En una estantería, libros que prometen calmar una mente hiperactiva; en otra, manuales para alcanzar la libertad financiera y la prosperidad. La variedad es abrumadora. ¿Quieres optimizar tus mañanas? Hay un libro para eso. ¿Te gustaría saber cómo puedes lidiar con ese compañero pasivo-agresivo que te saca de quicio? Alguien escribió una guía al respecto. Pero, a pesar de sus diferencias, todos estos libros (y los deseos individuales que representa cada uno de ellos) persiguen un mismo objetivo: la búsqueda de la felicidad.

Los compramos porque sabemos que la felicidad es algo que requiere esfuerzo. Para vivir una vida feliz, antes hay que construirla, y por eso buscamos herramientas que nos acerquen a esa meta. Sin embargo, a menudo tropezamos con el mismo error: imaginar que la felicidad es como una recompensa que nos espera al final del camino. Queremos creer que, si la alcanzamos, será definitiva. Que una vez allí, podremos instalarnos gloriosamente en ella para siempre. Pensamos que, si conseguimos dar con la fórmula perfecta para vivir, entonces (por fin) llegará nuestro «felices para siempre».

Pero la realidad es otra: por más conocimiento que acumulemos o por muy bien que lo planifiquemos, nada nos libra de las inevitables dificultades de la vida. El desamor, el sufrimiento o la pérdida son parte inseparable de la experiencia humana. Por más que hagamos planes o tengamos expectativas sobre el futuro, la vida siempre encuentra la forma de sacudirnos con algún giro inesperado: perdemos un trabajo, sufrimos una ruptura amorosa o surge una enfermedad de la nada. Hay momentos en los que la felicidad parece totalmente fuera de nuestro alcance. Entonces, ¿cómo seguimos adelante? ¿A qué nos aferramos cuando todo parece perdido?

Sin blanca en Bristol y Leeds

Tras una sucesión de trabajos que no me llenaban en absoluto y me dejaban con una sensación de vacío, decidí hacer un cambio y estudiar en la universidad, aunque un poco más tarde que la mayoría. La idea era empezar de cero. Poco después de empezar la carrera, me di cuenta de que Ciencias del Deporte no era lo mío, pero aun así seguí adelante. Me costaba mucho entablar amistades y mantener mi cuenta bancaria con un saldo positivo, pero conseguí graduarme. Luego, con algo más de confianza (y una idea más clara de mis intereses y capacidades reales), decidí lanzarme a por un máster en neurociencia molecular. ¿Pasarme el día entrenando deportistas y estar constantemente rodeada de gente? No, gracias. ¿Leer artículos científicos y libros de texto sobre neurociencia? ¡Ahora sí tienes mi atención!

Me presenté en mi primera clase de neurociencia sin la menor idea de lo que se venía encima. «¿Cómo de difícil puede ser?», pensé, mientras tomaba asiento y saludaba a mis compañeros. La primera bofetada de realidad no tardó en llegar:

—Llevo cuatro años trabajando como psiquiatra y he venido a profundizar mis conocimientos sobre neurobiología —dijo uno de los estudiantes.

—Mi caso es algo parecido —dijo otro—. Terminé la carrera de Medicina hace unos años y quiero formarme para poder especializarme en cuidados intensivos en algún momento.

«¿Perdón? ¿Psiquiatra? ¿Médico? ¿Qué viene después? ¿Premios Nobel? ¡¿Ingenieros de la NASA?!», pensé. Uno a uno, todos fueron relatando sus brillantes trayectorias académicas y profesionales. Hasta que, de pronto, ya habían hablado todos... menos yo. Me esforcé por mantener la compostura mientras compartía mi historia.

—Mmm —respondió uno de los médicos—. ¿Y crees que Ciencias del Deporte es una buena base para estudiar neurociencia?

Sentí que se me caía el alma a los pies. Y, por si fuera poco, todavía faltaba la clase. Ni se me había pasado por la cabeza que, sin conocimientos previos de neurociencia, ni siquiera tendría el vocabulario necesario para entender lo que se estaba explicando. Fueron tres horas de observar abreviaturas incomprensibles y esquemas que parecían piezas de distintos rompecabezas mezcladas por error. Ahí fue cuando la realidad me golpeó con fuerza y marcó el inicio de una larga etapa en la que mi confianza quedó por los suelos, mientras arrastraba los pies hacia un curso para el que no estaba preparada. Tardaría años en recibir mis diagnósticos de autismo y TDAH, así que no tenía forma de entender por qué los métodos de estudio tradicionales me resultaban tan confusos y abrumadores. Estudiar consumía todo mi tiempo y energía. Y, por si no fuera suficiente con eso, también tenía que compaginarlo con un trabajo a media jornada y pagar las facturas. Mi situación económica era tan delicada que cada compra suponía una prueba de resistencia para mis nervios. Rezaba en silencio cada vez que pasaba la tarjeta, con la esperanza de que no la rechazaran. Para colmo, mi vida personal tampoco me daba tregua. En aquella época estaba atrapada en una relación intermitente con alguien que se aprovechaba de mi soledad y de mi falta de autoestima. Me manipulaba, me engañaba, me hacía sentir insignificante. No me sentía querida en absoluto. Llegué a plantearme hacer las maletas y volver a casa, pero en aquel momento mi familia también estaba pasando por una situación muy complicada. Aunque mi madre siempre había tenido problemas de salud mental, no fue hasta entonces cuando empezó a mostrar señales claras de alcoholismo. Estaba en caída libre, y verlo, aunque fuera desde la distancia, me destrozaba. Volver a casa hubiera sido cambiar un caos por otro. Así que decidí quedarme.

Pero, tras graduarme, todas las oportunidades laborales que iban surgiendo se desvanecían una tras otra. Pasé varios meses intentando convencer a un profesor de Leeds con un proyecto de doctorado que combinaba Ciencias del Deporte y neurociencia. Estaba convencida de que ese sería mi gran momento. Pero, cuando por fin llegó el día de la entrevista, una oleada de ansiedad social me dejó completamente paralizada. A duras penas podía decir mi nombre, mucho menos responder a preguntas sobre mi experiencia o mis objetivos. «Lo mismo de siempre —pensé—. Soy una inútil».

Aquellos fueron años de mucha soledad, desamor e incertidumbre. Sabía que, si todavía existía alguna posibilidad de ser feliz, esa oportunidad estaba muy lejos, en un futuro al que aún no podía acceder. No podía permitirme comprar libros de autoayuda, pero pasaba horas hojeándolos en librerías, intentando que los dependientes no se fijasen en mí para poder leerlos sin interrupciones: «Ponte metas pequeñas y realistas»; «Prueba la "técnica Pomodoro" para concentrarte mejor»; «Visualiza el éxito para mantener la motivación». Seguía convencida de que, si me esforzaba lo suficiente, podría dar un paso más hacia ese futuro lejano y, con suerte, un poco más feliz. Con el tiempo, ese esfuerzo sí me llevó a algún sitio, pero no hizo mucho por aliviar el sufrimiento que sentía entonces.

Ahora, viéndolo en retrospectiva, entiendo mejor qué fue lo que me mantuvo en pie durante aquella etapa. Más allá del estrés y la lucha, los recuerdos que tengo de esos años están entrelazados con pequeños momentos de luz. No era felicidad (eso estaba descartado), pero sí algo igual de delicioso. Por más desgraciada que me sintiera, siempre aparecía alguna chispa de consuelo que nunca me fallaba: el *disfrute*.

Si no estaba intentando salir adelante o desconectándome mentalmente en clase, probablemente me encontrara en el *cat café* You&Meow. Por cinco libras, podía pasar una hora tomando té y defendiendo con uñas y dientes mi *brownie* de una pandilla de gatos traviesos, cada uno con su propia estrategia para sacarme una sonrisa. Casanova, un corpulento gato blanco y naranja, era conocido por trepar a los hombros de los visitantes y regalarles intensas sesiones de ronroneo. Por otro lado estaba Thomas, un gato completamente blanco y con la nariz rosa pálido, que nos conquistaba a todos con su colección de pajaritas. Y luego estaba Aya, una diva de pelo largo color caramelo, que dominaba el arte de colocarse justo en medio del paso y bufar a quien se atreviera a pasar a su lado. No toleraba las caricias, pero aceptaba encantada las palabras de admiración o algún que otro premio. You&Meow era un auténtico templo del disfrute. Ni siquiera ahora, mientras escribo esto, puedo evitar sonreír.

Mis pequeñas expediciones vespertinas en busca de algún placer cotidiano solían llevarme a The Canteen, un bar ubicado junto a un mural de Banksy en Stokes Croft, el barrio bohemio de Bristol donde vivía por aquel entonces. Por apenas unas monedas, me tomaba una sopa y disfrutaba de una velada entera de jazz en directo, cualquier día de la semana. También solía ir al Café Kino, donde se organizaban clases de dibujo con modelo. No iba tanto por el dibujo en sí como por el curioso placer de ver cómo dos mujeres recogían las dos libras de cada asistente y, acto seguido, se desnudaban con una naturalidad pasmosa, sin el más mínimo atisbo de incomodidad. *Sin duda*, hay un disfrute en esa despreocupada forma de estar desnudo. Los fines de semana de verano traían consigo la magia de las fiestas callejeras y los festivales, donde solía dejarme llevar por pequeños placeres, como el irresistible encanto de un vecino que asaba pollo *jerk* jamaicano en una parrilla improvisada en su porche (sigue siendo una de las mejores comidas que he probado).

Aunque sentía que todo en mi vida se venía abajo durante aquella época, al pensar en Bristol lo que me viene a la mente son precisamente esos momentos de disfrute. Esa es parte de su magia. El disfrute nos ayuda a mantenernos a flote en los momentos difíciles, pero también da otro color a los recuerdos cuando miramos atrás. Se entrelaza con ellos y enriquece nuestra historia para siempre. Y, aun así, pocas veces hablamos del disfrute cuando conversamos sobre la vida. Hablamos de los logros, de los fracasos, de las aspiraciones o de los obstáculos que enfrentamos. Entonces, ¿cómo puede ser que algo tan crucial para nuestro bienestar pase tan desapercibido?

Menos carga, más disfrute

En el ajetreo constante del mundo en el que vivimos, el disfrute ha quedado relegado a un segundo plano. A veces sentimos que no tenemos tiempo para él, porque hay mil cosas urgentes que atender. Para muchos de nosotros, incluso cubrir las necesidades básicas ya supone un esfuerzo, así que disfrutar se convierte en un lujo que parece fuera de nuestro alcance. ¿Quién tiene tiempo para pararse y observar cómo planea una ardilla un asalto estratégico a un comedero de pájaros? ¿O puede dejarse llevar por el placer de tener una charla a altas horas de la madrugada? En la vorágine de la vida diaria, actividades como estas suelen quedar al final de la lista de prioridades (si es que llegan a figurar en ella). En este mundo pospandémico, quizá con el deseo de compensar el tiempo perdido, parece que hay más presión que nunca por ser productivos, sobresalir y rendir al máximo. Las redes sociales y las estanterías están repletas no tanto de consejos sobre bienestar como de estrategias para exprimir aún más a cuerpos y mentes agotados. Sin embargo, al pasar por alto la importancia del disfrute, nos estamos privando de una herramienta fundamental para defendernos del desgaste y el estrés.

Si prestas atención y agudizas deliberadamente tus sentidos para sintonizar con aquello que te da placer, puedes contrarrestar la tendencia natural del cerebro a centrarse en lo negativo.[1] Todos estamos programados para percibir, recordar y dejarnos influir más por las experiencias negativas que por las positivas, un fenómeno que en el ámbito de la psicología se conoce como «sesgo de negatividad».[2] Se trata de un mecanismo heredado de nuestros antepasados, cuya supervivencia dependía de su capacidad para detectar el peligro y mantenerse alerta. Pero para nosotros, los seres humanos modernos, ese mismo impulso puede dejarnos con una sensación constante de agobio.

Puedes echarle la culpa al sesgo de negatividad por fijar tu mirada en esa parte de tus caderas que no te gusta cada vez que te miras al espejo. *(Aunque estoy segura de que tus caderas son estupendas)*. O por seguir recordando ese momento incómodo en una fiesta de hace dos años, aunque el resto de la noche ya se te haya borrado por completo de la mente. Es ese mismo sesgo el que hace que sigas dándole vueltas a un error que cometiste en el trabajo, a pesar de todos los logros y felicitaciones que vinieron después. O que sigas pensando en aquella entrevista de doctorado que salió mal hace ocho años, incluso con todo lo que ha pasado desde entonces. Bueno, puede que aquí esté proyectando un poco.

No podemos evitar que nos dejemos llevar por la oleada de pesimismo que nos rodea. Esa sensación generalizada proyecta una sombra que puede influir profundamente en cómo nos vemos a nosotros mismos y en cómo interpretamos nuestra vida.[3] Por eso es tan importante contar con una estrategia que contrarreste ese sesgo negativo, y ahí es donde entra en juego el disfrute.

Desde un punto de vista neurobiológico, buscar activamente momentos que nos hagan disfrutar funciona como un escudo frente al estrés crónico. En condiciones fisiológicas normales, el estrés está regulado por receptores situados en el hipocampo, que responden a la hormona del estrés, el cortisol.[4] Su función consiste en detectar cuándo ha cumplido su cometido la respuesta al estrés y, entonces, desactivarla, devolviendo al cerebro y al cuerpo a un estado de calma. Podemos imaginar estos receptores como si fueran el sistema de frenado de un coche: están diseñados para evitar que vayamos a toda velocidad sin control. Pero así como las pastillas de freno se desgastan con el uso excesivo, estos receptores pueden verse sobrepasados por el estrés crónico.[5, 6] Si se deterioraran lo suficiente, podrías acabar atrapado en un carrusel interminable alimentado por el cortisol, donde el estrés te hace aún más vulnerable al propio estrés. *¡Muchas gracias, evolución!*

Y, más aún, teniendo en cuenta que hoy en día no nos pasamos la jornada laboral huyendo de tigres dientes de sable. Correr por nuestras vidas, al menos, tendría la ventaja de quemar todo ese exceso de cortisol. Ahora, en cambio, lo que dispara el estrés es tener que pedir cita con una recepcionista malhumorada o trabajar para un jefe que interpreta cada correo de un cliente como una señal de auxilio. Nuestro sistema de respuesta al estrés fue diseñado para prepararnos para luchar o huir. Como ya no hacemos eso, nos limitamos a quedarnos sentados frente al ordenador, con los hombros pegados a las orejas, esperando que el hipocampo se arremangue y diga: «Eh, glándulas suprarrenales, ¿podríais relajaros con el cortisol, por favor?».

Pero cuando los receptores del hipocampo encargados de detectar el estrés están sobrecargados y sometidos a demasiada presión, les cuesta más marcar los límites. Cuando ese freno interno deja de hacer su trabajo, nos toca a nosotros intervenir y detener el coche manualmente. Eso implica interrumpir los ciclos de estrés continuo con algo que *no sea estresante*. Hay que convencer al cuerpo de que ya no estamos en peligro para que deje de producir cortisol. Claro que unas vacaciones o una escapada a la playa sientan de maravilla, pero, si nos apoyamos únicamente en esos momentos puntuales, pasaremos la mayor parte del tiempo completamente estresados. Y permanecer demasiado tiempo en ese estado eleva muchísimo el riesgo de acabar con problemas de salud física o mental. [7, 8]

A modo de protección, puedes recurrir a pequeñas dosis de alegría cuando y donde lo necesites; lo único que debes hacer es dedicarle unos segundos para que surja. En esos días frenéticos, es fácil convencerse de que no hay tiempo para nada, y el disfrute acaba al final de una lista de tareas ya de por sí saturada. Exprimir al máximo cada gota de productividad se ha convertido en un gran negocio, y lo que nos pase en el proceso se considera un daño colateral. Elegir el disfrute es elegirte a ti. Es reforzar tu bienestar; es tu espada y tu escudo frente a quienes se benefician de aplastarlo. Y esto cobra aún más importancia cuando tu cerebro está demasiado cansado como para seguir dando la batalla.

La anatomía del disfrute

Entonces, ¿qué entendemos exactamente por «disfrute»? No es un término que aparezca con frecuencia en estudios de psicología o neurociencia. Como científicos, nos han enseñado a descomponer las experiencias en sus elementos más básicos dentro de un entorno controlado, minimizando variables para estudiar un solo factor a la vez. Pero el disfrute es una experiencia poliédrica, difícil de simplificar o de meter en un tubo de ensayo. Por eso escribir este manifiesto sobre el disfrute ha consistido en ir uniendo estudios que, cada uno a su manera, analizan solo una pequeña parte del fenómeno.

¿Y cómo he identificado esos distintos elementos que conforman el disfrute?, te estarás preguntando. Permíteme presentarte a Ross Gay, poeta, ensayista y explorador del disfrute por vocación. Durante un año, Gay se propuso escribir cada día un breve ensayo sobre algo que le hubiera dado alegría o placer. Recogió estas observaciones en su libro, llamado *Book of Delights* («El libro del disfrute»), donde reflexiona sobre experiencias tan diversas como la satisfacción de desgranar judías verdes o la ternura que le despierta que un desconocido le diga «cariño».[9] Una de mis anécdotas preferidas es la vez que transportó una planta de tomate por el aeropuerto, provocando una cadena de sonrisas entre los pasajeros.

En una entrevista con Ross Gay, la periodista Bim Adewunmi le planteó la pregunta clave: «¿Qué es el disfrute?».[10] Él respondió que, a menudo, surge al prestar atención de manera consciente a momentos pequeños pero alegres, y que percibirlos y apreciarlos es clave. También lo vinculó con la curiosidad y subrayó que su carácter espontáneo es lo que lo hace tan especial. Además, habló de cómo el disfrute aparece con frecuencia al conectar con otras personas, lo cual destaca su lado más colectivo. Y, al repasar mi propio «libro del disfrute», no puedo evitar coincidir. Veámoslo con más detalle:

- **Bienestar.** En pocas palabras, el disfrute provoca una buena sensación.
- **Atención al presente.** Debido a su carácter espontáneo, para experimentarlo necesitamos estar presentes, con la mente centrada en el ahora.
- **Reflexión y gratitud.** La gratitud, muchas veces, tiene que ver con reconocer y valorar aquello que normalmente pasa desapercibido. Y el disfrute, igual que la gratitud, suele esconderse en los momentos más sencillos del día a día.
- **Conexión.** El disfrute nos une a algo (a uno mismo, a los demás, a los animales o al mundo que habitamos).

Este patrón se hace evidente en la alegría que nos despierta la compañía de los animales, verdaderas personificaciones del disfrute. Tomemos como ejemplo a Aya, la gata del café You&Meow, que se sentaba donde y cuando le venía en gana, sin reparo alguno. Dudo que se planteara si eso era apropiado según las normas sociales. Los animales tienen esa capacidad de traernos al momento presente, porque ellos viven plenamente en él. Desde el entusiasmo de un perro por salir a pasear hasta la calma de un gato tumbado al sol (aunque haya elegido el peor sitio posible), contemplar esa dicha tan natural es una lección de atención plena… y también de gratitud. Los vínculos que creamos con los animales (sean nuestros compañeros o desconocidos con los que nos cruzamos por la calle) tienen un poder único para despertar en nosotros una sensación de conexión. Incluso un instante fugaz compartido con un animal puede servir como recordatorio de que formamos parte de algo más grande que nosotros.

Puede que los animales sean el ejemplo más universal de fuente de disfrute, pero no son la única opción. Y si eres de esas pocas personas que no siente afinidad por los seres peludos (trataré de no juzgarte), te alegrará saber que hay tantas formas de encontrar el disfrute como personas hay en el mundo. En lo que queda de capítulo, te ayudaré a descubrir cuál es el tuyo. ¿Empezamos?

Romper el ciclo: priorizar el disfrute sobre la distracción

Si quieres descubrir qué te genera disfrute, es fundamental que te mantengas alerta. El cerebro tiene la costumbre de ponerte por delante distracciones que parecen apetecibles, pero que, lejos de aliviarte, pueden llevarte a actuar de formas que, en realidad, empeoran los momentos difíciles.

A simple vista, el disfrute y el placer pueden parecerse mucho: son dos emociones positivas que se sienten bien y, para complicarlo aún más, a veces hasta se superponen. Sin ir más lejos, hace poco entré por casualidad en una cafetería nueva y me llevé una deliciosa sorpresa con una *ciabatta* vegetariana que no esperaba que estuviera tan rica. El placer de una buena comida, lo acogedor del lugar y lo inesperado del momento se combinaron para dar lugar a una experiencia deliciosa.

Si representáramos el disfrute y el placer en un diagrama de Venn, ese almuerzo inesperadamente rico en una cafetería mona estaría justo en el centro. Pero si nos aventuramos más allá de ese punto de intersección, corremos el riesgo de quedar atrapados en un ciclo de deseos que nunca llegan a saciarnos del todo. Quizá el ejemplo más típico sea el de servirte, casi sin pensarlo, una copa de vino al final de un día difícil. Y sí, ya me imagino a las personas aficionadas al vino negando con la cabeza mientras leen esto…, pero no se trata de juzgar a nadie por cómo elige deleitarse. Los placeres hedónicos también forman parte de la experiencia humana. Pero hay una diferencia entre disfrutar de esos placeres de forma consciente (siempre con moderación) y usarlos como una vía de escape automática cuando todo va mal.

Tu cerebro, en esos momentos, es como esa tía que tiene buenas intenciones, pero que, sin darse cuenta, cae en la positividad tóxica y te suelta un «Tienes que ver el lado bueno de las cosas» justo cuando todo se está viniendo abajo. Quiere ayudarte a que te sientas mejor, solo que no sabe cómo hacerlo. Y, cuando estás tocando fondo, te empuja hacia lo que promete subirte el ánimo de inmediato: recompensas rápidas que, muchas veces, te hacen sentir peor después.

Un estudio de comportamiento llevado a cabo por Harvard y el MIT analizó en profundidad este impulso, observando de cerca los estados de ánimo y las conductas de 28.000 usuarios de *smartphones*.[11] Los datos mostraron que, cuando las personas se sentían decaídas, tendían a optar por actividades que ofrecieran recompensas inmediatas, como ver la televisión o beber alcohol. En cambio, cuando estaban de buen humor, preferían actividades más productivas que no generaban una satisfacción inmediata, como leer o limpiar la casa. Cuando nos sentimos bien, es más fácil negarse a los estímulos dopaminérgicos inmediatos y elegir opciones que aportan valor a nuestra vida a largo plazo. Esto es lo que se conoce como el «principio de flexibilidad hedónica», y nos revela algo incómodo sobre cómo funcionamos los seres humanos: cuanto más vacíos nos sentimos emocionalmente, más buscamos llenar ese espacio con cosas que, en realidad, nos vacían aún más. Pero puedes convertir el disfrute en tu aliado y enseñar a tu cerebro a reenfocarse hacia esa flexibilidad hedónica. A veces, basta con pasar una hora rodeado de gatos ronroneando para que el cuerpo prefiera un baño caliente y un libro antes que una pizza con cerveza. Y ojo, no tengo nada en contra de quienes eligen la pizza o la cerveza (yo también soy de esas personas), pero he aprendido que saben mejor cuando no estoy emocionalmente agotada.

Si sientes que te cuesta resistirte a tentaciones que en el fondo preferirías evitar, quizá la clave esté en incorporar momentos de disfrute que no vengan con efectos secundarios. Durante la semana, busca pequeños placeres que te hagan sentir bien sin dejarte peor que como empezaste (aunque sigan existiendo tus noches de pizza, tus copas de vino o el *scroll* sin fin en TikTok). Por pequeño que parezca, el disfrute puede ayudarte a romper con hábitos poco saludables, porque le da a tu cerebro justo lo que está buscando: bienestar.

Y, si consigues esquivar ese impulso automático de buscar una gratificación inmediata cuando estás bajo de ánimos, estarás más cerca de un lugar más saludable y feliz. Así que, cuando estés mal y tu cerebro solo quiera sofá y vino, quizá la mejor opción sea salir a pasear al perro o pasar un rato en la naturaleza. Tu objetivo será escuchar esa otra voz y responderle con pequeños gestos que impidan que tu depósito emocional se vacíe del todo.

Buscar el placer no siempre es la vía para sentirse bien (y no lo digo desde un punto de vista moral, sino desde uno neurobiológico). Para entender el porqué, tenemos que ir más allá del placer superficial y trazar una diferencia clara entre *querer* algo y que ese algo realmente nos *guste*; una distinción que tendrá un gran impacto en nuestro camino hacia el disfrute.

Las trampas del placer

El placer no es tan simple como parece. Entran en juego dos mecanismos distintos: el de querer algo y el de que algo nos guste. Cada uno está regulado por circuitos cerebrales y procesos químicos diferentes. Kent Berridge, un neurocientífico con décadas de experiencia en el estudio del sistema de recompensa, fue uno de los primeros en establecer esta distinción. Como sabía que la dopamina desempeña un papel clave en la búsqueda de recompensas, Berridge decidió poner a prueba sus límites. Para ello, modificó genéticamente a unos ratones para aumentar de forma drástica sus niveles de dopamina.[12] La hipótesis era que, con el exceso de dopamina, estos animales se convertirían en máquinas de buscar placer, que disfrutarían más de cada bolita de comida y mostrarían señales claras de disfrute, como relamerse. Tal como esperaba, los ratones efectivamente se mostraron mucho más motivados para conseguir comida, es decir, que se intensificó el componente de «querer» asociado a la recompensa. Sin embargo, para su sorpresa, el nivel de disfrute (la parte de «gusto») no cambió. A pesar de tener el cerebro químicamente hiperestimulado, no mostraron más señales de placer que sus compañeros no modificados. Sí, querían más y buscaban la comida con desesperación, pero la satisfacción no crecía al mismo ritmo que el deseo. Si alguna vez te ha pasado eso de seguir comiendo unas patatas fritas insulsas hasta acabarlas, pese a que no te gustaron desde el primer bocado, entonces ya lo has vivido en carne propia. Este hallazgo es una pieza clave para comprender el funcionamiento del deseo humano, ya que explica por qué a veces ansiamos algo con tanta intensidad (ya sea una comida, salir de compras o hacer *scroll* en las redes sociales) y, sin embargo, la satisfacción que obtenemos a cambio es efímera. Lo vemos claramente en los ciclos de la adicción: con el tiempo, el deseo persiste incluso cuando la gratificación se desvanece.

Solemos confundir el deseo con el placer, y caemos en el error de pensar que cualquier cosa que active nuestra dopamina nos hará sentir bien. Pero la única función de la dopamina es guiarnos hacia aquellas cosas que *podrían* hacernos sentir bien.

Es el truco más ingenioso de la evolución: ha cableado nuestro cerebro con circuitos y procesos químicos diseñados para *buscar* placer, haciéndonos creer que esa búsqueda es lo mismo que *sentir* el placer en sí. Nuestros antepasados dependían de esa ilusión para mantenerse motivados en la ardua tarea de encontrar recursos escasos pero esenciales para sobrevivir. Hoy en día, en un mundo lleno de supermercados y restaurantes de comida rápida, ese sistema es mucho menos útil. Así que, para los amantes del vino y los devotos de la pizza que aún tengan dudas: no estoy en contra del placer. Solo os pido que mantengáis cierto escepticismo frente al deseo y a esa urgencia por conseguir algo, si lo que de verdad buscáis es un disfrute genuino.

Nuestra brújula interna, esa que se guía por la química, se diseñó para un mundo muy diferente al que vivimos ahora. Entonces, ¿qué otras herramientas podemos usar para orientarnos? Si no podemos fiarnos de la dopamina para encontrar el disfrute, ¿cómo lo hacemos? El secreto, como tantas otras veces, está justo delante de nuestros ojos.

Enfocadabra: la magia de prestar atención

Hoy en día, estar realmente presentes se ha convertido casi en un lujo. Vivimos en una época que exige nuestra atención constante: las notificaciones suenan sin parar y nos arrastran de una tarea a otra. Tenemos la cabeza en otra parte. Ese alejamiento constante del presente hace que a menudo vivamos en piloto automático, pasando por alto todo lo que podría hacernos disfrutar.

William James, pionero de la psicología, dijo una vez: «Mi experiencia es aquello a lo que decido prestar atención. Solo los elementos que percibo son los que dan forma a mi mente».[13] Dos personas pueden estar sentadas una junto a la otra en un parque y vivir experiencias completamente diferentes: quizá una observa fascinada cómo baila la luz entre las hojas; la otra, absorta, sigue dándole vueltas a un mensaje pasivo-agresivo en Slack: «*Como te decía en mi último mensaje...*». Nos pasa todo el tiempo: dedicamos nuestra atención a lo que más ruido hace, no a lo que más valor tiene. En el torbellino constante y acelerado del siglo XXI, solemos cambiar el disfrute por la distracción.

Saber que deberíamos estar más presentes es una cosa; conseguirlo, otra muy distinta. Piénsalo como el clásico ejemplo de que, si te dicen que NO pienses en un globo rojo, inevitablemente acabarás pensando en un globo rojo. Lo mismo ocurre con esa cadena de correos que prometiste ignorar en tus días libres. A veces, cuanto más intentamos bloquear ciertos pensamientos, más se resisten.[14]

No basta con la intención de estar más presentes; necesitamos una técnica concreta que podamos usar para anclarnos al aquí y ahora. Y ahí es donde entra en juego la práctica del *savouring*, una estrategia útil para enfocar la mente en pensamientos amigables y constructivos que fomenten el disfrute.[15] En el campo de la psicología, el *savouring* implica hacer un esfuerzo consciente por percibir y disfrutar los detalles y placeres del momento. Es detenerse un minuto, observar lo que te rodea y decir: «Esto me hace sentir muy bien».

Imagina dos grupos de ciclistas recorriendo la misma ruta por el campo. A uno de ellos se le pide que preste atención a los pequeños placeres del trayecto, que *saboree* cada experiencia: el calor del sol en la piel, lo pintoresco del paisaje rural, las vacas que los observan con curiosidad. Por otro lado, al segundo grupo se le pide que complete el trayecto lo más rápido posible, sin pausas ni distracciones. ¿Qué grupo crees que disfrutará más de la experiencia? Según los estudios que se han realizado sobre el *savouring*, no solo el primer grupo sentirá satisfacción inmediatamente después del recorrido, sino que también conservará esos recuerdos con más nitidez a largo plazo. [16, 17] Para algunas personas de ese grupo, el simple hecho de pensar en los paseos en bici por el campo quedará asociado a una sensación de bienestar y *buenas vibraciones*. Igual que me ocurre a mí cuando pienso en mis recuerdos de Bristol, ellos vincularán la bici con el disfrute. Y, si mantienen esta práctica el tiempo suficiente, puede que incluso se vuelvan menos propensos a sufrir depresión. Se ha observado que tan solo dos semanas practicando *savouring* conscientemente puede reducir los síntomas depresivos y los sentimientos de tristeza. [18, 19] Aunque no es una solución mágica para todos los problemas de salud mental, puede aportar cierto alivio mientras se lidia con esos momentos difíciles.

En vez de pelear en vano con una mente que no se detiene, el *savouring* puede redirigir suavemente tu atención hacia la riqueza de tu experiencia. Empieza por hacer una pausa y fijarte en lo que ocurre a tu alrededor. ¿Notas el calorcito que proviene del radiador que tienes a la espalda? ¿Hay un cachorro dando pasos torpes hacia un desconocido que le sonríe? ¿Se escuchan las risas de una pareja mayor que se mira como si fueran dos adolescentes traviesos, y no una pareja de ancianos? Como se dice en la famosa película navideña *Love Actually*, el disfrute «está por todas partes».

Este cambio de perspectiva no elimina el peso de las dificultades, pero sí nos da un pequeño impulso que nos ayuda a mantenernos a flote. [20] No se trata de una estrategia de positividad tóxica que intenta invalidar lo que sientes, ni de un intento de imponer un optimismo permanente e inalcanzable. Podemos permitirnos sentir todas las emociones que sentimos y, a la vez, buscar momentos que nos den un poco de alivio.

El trabajo duro y el esfuerzo son importantes. Luchar por un futuro mejor forma parte de forjar una vida plena, pero la energía y el valor que atribuimos al esfuerzo no es proporcional a los beneficios que obtenemos. Aunque los momentos de disfrute puedan parecer insignificantes frente al estrés y las dificultades, en realidad son un salvavidas que nos ayuda a conectar con lo más importante que tenemos: nuestra *humanidad*. Como dice el escritor Daniel James Brown: «La cuestión no es si sufrirás o cuánto, sino qué harás y cómo lo harás mientras el dolor hace de las suyas contigo».

No podemos evitar las dificultades, pero sí podemos hacer algo para contrarrestarlas. Cuando la vida amenaza con arrastrarnos hacia el fondo del pozo, necesitamos herramientas que nos ayuden a mantener la cabeza (y el cerebro) en la superficie. Por más esfuerzo que hagas, nada te protegerá del duelo o la soledad, así como tampoco podrás evitar que te rompan el corazón. Pero esos momentos de disfrute, sí. Aunque solo sea por un rato.

Resumen del capítulo

Si la felicidad está fuera de tu alcance, aférrate al disfrute. Aprovecha los momentos de disfrute como si fueran pequeños salvavidas emocionales: pueden aliviar, aunque sea por un instante, el peso del sufrimiento en tu cuerpo y en tu mente.

Empieza a escribir tu propio «libro del disfrute». Cada día (o cada semana), dedica un momento a pensar y anotar un momento que hayas disfrutado. Con el tiempo, esta práctica te ayudará a desarrollar el hábito de detectar la belleza y la alegría en la vida cotidiana.

Acércate a la naturaleza y a los animales. Interactuar con animales o pasar tiempo en la naturaleza pueden ser una fuente inagotable de disfrute.

No confundas caprichos con disfrute. Ten cuidado con los caprichos; pueden darte la falsa impresión de que estás disfrutando de algo cuando en realidad no es así.

Compensa el esfuerzo con momentos de disfrute. Integrar el disfrute a tu rutina te ayudará a prevenir el agotamiento. Dosificar los momentos de disfrute a lo largo del día puede ayudarte a contrarrestar el estrés y la presión.

Pon en práctica el *savouring*. Haz pausas regulares y conscientes para observar y disfrutar de los pequeños momentos del día a día. Presta atención a los detalles sensoriales y acostúmbrate a decir: «Esto me hace sentir muy bien», para conectar con el presente.

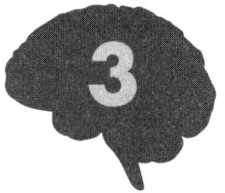

Por qué nos necesitamos: una mirada desde la neurociencia

Nunca se me ha dado muy bien… ya sabes, todo eso de socializar. Creo que tratar de entender a las personas desde una perspectiva científica ha sido mi forma de compensar lo mucho que me cuesta comprenderlas en la vida real.

Uno creería que refugiarse tras estadísticas y estudios podría ofrecer cierto consuelo. Pero lo cierto es que la cooperación social está tan arraigada en el cerebro humano que resulta imposible esquivarla por completo. Se cuela hasta en procesos mentales y comportamientos que parecen no tener nada que ver. Así que, ya sea que me tropiece con las palabras en una conversación, esté inmersa en el laboratorio o sentada estudiando en mi escritorio, siempre hay algo que me recuerda que nuestro cerebro está hecho para conectar con los demás.

Y, sin embargo, el mío parece haber salido con un pequeño defecto de fábrica. No es que no quiera conectar con otras personas, más bien todo lo contrario. Pero me invade una sensación constante de incomodidad, como si hubiera una barrera invisible que me hiciera parecer distante. Siempre he sido esa persona a la que le cuesta hacer amigos y cuyas conversaciones acaban en silencios incómodos o bromas fuera de lugar. Tengo un talento especial para soltar lo menos oportuno en el momento más inoportuno, o para enrollarme con temas que solo me interesan a mí, sin darme cuenta. Y ahora, aquí estoy, intentando poner en palabras todas esas dificultades.

Escribir estas palabras me hace sentir vulnerable e incómoda, pero también un poco... ¿aliviada, quizá? Como si por fin pudiera reconocer algo que llevaba tiempo evitando. Supongo que es normal que, cuando expresamos con palabras lo que guardamos dentro, nos sintamos un poco más livianos. Como si necesitáramos que alguien viera esa parte de nuestro mundo interior para poder relajarnos.

¿Y no va un poco de eso conectar? De intentarlo, de pedir ayuda, de estar dispuesto a mostrar vulnerabilidad. Quizá por eso tenga sentido que sea yo quien escriba este capítulo. ¿Quién mejor que alguien que ha estudiado el cerebro y también sus propias amistades fallidas? Entiendo, científica y personalmente, lo que implica esa necesidad de conexión y qué pasa cuando no podemos cubrirla.

Desde que nacemos buscamos vincularnos, aunque no siempre nos resulte fácil o natural saber cómo podemos establecer y mantener esos lazos. Y, aun sin tener dificultades como las mías, la vida moderna ya se encarga de alejarnos de esos deseos tan humanos. La soledad nos toca a todos, de una forma u otra, porque nuestras necesidades sociales son muchas y diversas.[1] Y descubrir cuáles son (y cómo cubrirlas) puede convertirse en un enigma, porque el cerebro rara vez se comunica con claridad. Muchas veces vamos por la vida descifrando señales confusas sin saber que lo que sentimos; en el fondo, es soledad.

Nuestro cerebro evolucionó para ser social, para funcionar en grupo. Pero, hoy en día, en muchos sentidos, ya no vivimos en un entorno así. Y eso nos deja desorientados: por un lado, sin comprender del todo qué necesita nuestro cerebro; por otro, sin saber cómo dárselo.

Pero no todo está perdido. La cooperación social aún guarda unos cuantos ases bajo la manga.

La democracia de la soledad

Quizá la prueba más contundente de lo mucho que necesitamos vincularnos con los demás sea, sencillamente, el hecho de no conseguir hacerlo.

A la soledad muchas veces se le da un aire de película, como si fuera una dolencia romántica o artística. Ya sabes, el típico plano del artista atormentado o del escritor melancólico mirando por una ventana donde repiquetea la lluvia. *Muy elegante, muy de película.* Pero la realidad es mucho menos glamurosa. La soledad es más bien insistente y banal. Su rasgo más característico es justamente esa falta de profundidad. No te vuelve misterioso ni interesante; simplemente te hace *sentir* solo. Y algo triste.

Hay personas que parecen moverse por la vida con un carisma natural, cautivando a todo aquel que se cruza en su camino. Pienso, por ejemplo, en Fernando, uno de mis amigos más íntimos. Es de esas personas que caen bien a todo el mundo, con ese aire alegre y la habilidad de convertir cualquier situación en una escena de comedia (incluso cuando presenta sus investigaciones). Y, sin embargo, la soledad no aparece únicamente cuando hay un aislamiento evidente. A menudo se cuela por las grietas de la vida diaria: tras una ruptura, la pérdida de un ser querido o cuando un buen amigo se muda a otra ciudad por trabajo. Tal vez seas tú el que tiene que mudarse y se ve en la obligación de entablar amistades nuevas desde cero. Ni siquiera los Fernandos del mundo están a salvo; la soledad no distingue entre edades, géneros o clases sociales.

Según The Roots of Loneliness Project, el 73 % de los *millennials* y el 80 % de los menores de dieciocho años se sienten solos en algún momento.[2] Es una experiencia casi universal y, sin embargo, rara vez hablamos de ella con sinceridad. Pero lo cierto es que deberíamos empezar a hacerlo, porque no se trata solamente de una sensación desagradable; también representa un riesgo real para la salud. Hoy en día, la soledad comparte podio con el tabaquismo y la obesidad como una de las amenazas más serias para la longevidad.[3, 4] Se sitúa al mismo nivel que el estrés crónico como factor de riesgo para desarrollar demencia, enfermedades cardíacas, depresión y ansiedad.[5, 6, 7] Y, trágicamente, también es una de las causas más habituales por las que muchas personas llegan a plantearse el suicidio.[8, 9]

La vida moderna no lo pone fácil precisamente cuando se trata de sentirnos conectados. Cada vez hay más personas que viven solas, mudándose de un piso a otro sin llegar siquiera a conocer el nombre de sus vecinos.[10] Trabajamos en oficinas diáfanas, donde parece que la norma es hacer como que *no podemos* escuchar las conversaciones personales de los demás. O, cada vez con más frecuencia, trabajamos desde casa, donde *de verdad no podemos* oírlas. Cambiamos de empleo más seguido, nos mudamos de ciudad más que antes y también pasamos más tiempo a solas.[11] Antes la vida era mucho más estable: las personas vivían en el mismo lugar durante décadas, incluso generaciones. Conocían a su carnicero, su panadero… y su fabricante de candelabros, o lo que fuera. Los barrios eran como una gran familia, donde todo el mundo sabía de todos, para bien o para mal. Hoy tenemos la suerte de ser más independientes, pero eso tiene un precio: ya no es tan fácil que las comunidades surjan de forma natural.

A medida que nos desperdigamos en busca de trabajo y de una vida más asequible, vamos dejando atrás las redes de apoyo locales que antes formaban parte de nuestro día a día. Ahora la vida está más fragmentada, marcada por la fugacidad y el anonimato. Cada persona va por la vida dentro de su propia burbuja (ocho mil millones en total). De vez en cuando, nuestras trayectorias se cruzan y nos miramos con desconcierto, pero enseguida seguimos adelante, cada uno a lo suyo, y luego nos preguntamos por qué nos sentimos tan solos.

Pero no todo es culpa del ritmo de vida moderno. Hay otra fuerza, tal vez más poderosa, que también puede empujarnos hacia la soledad. Y está mucho más cerca de lo que creemos.

El cerebro solitario

Si la evolución fuera una diseñadora profesional, y no (como dijo el biólogo francés François Jacob) una simple *chapucera*,[12] nuestros cerebros estarían preparados para adaptarse a la soledad, ya fuera disminuyendo nuestra necesidad de conexión o (mejor aún) afinando nuestras habilidades para encontrarla.

¿No sería útil que la soledad activara nuestro radar interno para «leer la situación», concretamente la corteza temporoparietal posterior? Esta región del cerebro, conocida como «pSTC» por sus siglas en inglés, ya es bastante eficaz a la hora de ayudarnos a interpretar señales sociales. Pero imagina si fuera aún mejor: no fallar nunca un gesto en una conversación o saber con precisión cuándo reír, cuándo asentir con intención y cuándo marcharte en el momento justo.[13, 14, 15, 16]

Con una pSTC potenciada, también tendríamos una empatía cognitiva más aguda, esa capacidad de entender a un nivel intelectual lo que está experimentando otra persona. Si a eso le sumáramos una ínsula más activa, también mejoraríamos la empatía afectiva, es decir, la habilidad de captar emocionalmente lo que sienten otras personas. Tener esa capacidad de empatía tan acentuada nos convertiría en verdaderos camaleones sociales, capaces de crear vínculos allá donde fuéramos. [17, 18, 19, 20, 21]

Y ya sabes qué papel juega la conocida CPFm al incorporar el rechazo social en nuestra identidad. ¿Y si tuviéramos una especie de *airbag* mental para eso? Un mecanismo que se activara de forma automática cada vez que alguien se olvidara de incluirnos en un plan, atenuando el impacto de la exclusión. Un insulto por aquí, un desplante por allá... y nada llegaría a herirnos lo suficiente como para dejar huella. [22, 23, 24, 25]

Lo siguiente en mi lista de deseos neuronales es la vecina de la CPFm: la corteza prefrontal dorsolateral o CPFDL. En el ámbito social, a veces hay que tomar decisiones en cuestión de segundos: cuándo hablar, cuándo escuchar y cuándo callarte ese chiste que sabes que no va a gustar. Si tuviéramos una CPFDL bien calibrada, podríamos evitar tener reacciones impulsivas de las que luego nos arrepentimos y meter la pata en situaciones incómodas. [26, 27, 28]

La amígdala (el sistema de alarma emocional del cerebro) también podría beneficiarse de una pequeña mejora. Si su respuesta fuese menos intensa, nos ayudaría a mantener el equilibrio emocional y a no interpretar señales neutras como amenazas. Dejaríamos de pensar que una expresión neutra implica desprecio o que una sonrisa extraña es una burla. [29, 30, 31, 32, 33]

Con todos estos ajustes, seríamos más receptivos con los demás, sabríamos llevar mejor nuestras relaciones y no sufriríamos tanto el rechazo. El cerebro respondería a la soledad haciendo que conectar con otros fuera fácil y reconfortante. Pero, por desgracia, la realidad no es tan amable. El cerebro no responde a la soledad reforzando estas estructuras y habilidades. Hace justo lo contrario. [34]

Todo lo que aparece en esa lista de deseos neuronales es, en realidad, el reflejo inverso de lo que suele ocurrir en un cerebro solitario. La soledad puede actuar como una fuerza corrosiva, desgastando precisamente aquellas estructuras y funciones que nos ayudan a desenvolvernos en el mundo social. A este estado lo llamo «modo de autopreservación». Empiezas a buscar amenazas y las ves por todas partes, te desconectas de la empatía y ves cada interacción como un combate que hay que resistir, no como una oportunidad para conectar. El cerebro es un órgano milagroso; sin duda, lo más extraordinario del universo. Pero también es un MENTIROSO. *¡Malo! ¡Cerebro malo! ¡Suelta ya mismo ese cinismo social, escúpelo! ¡Ahora!* Tomar conciencia de que esto ocurre ya es una herramienta muy potente de por sí.

Si estás pasando por una ruptura o acabas de mudarte a una nueva ciudad, puedes utilizarlo. Cuando estés solo y empieces a darle vueltas a ese mensaje frío y distante, recuerda: tu cerebro te está engañando porque necesita conexión. Tenerlo presente puede ayudarte a pasarlo un poco mejor o a no caer en la tentación de cancelar los planes y quedarte tirado en el sofá. Y si hace tiempo que no sientes conexión con nadie y la idea de que todos te rechazan, critican o atacan no deja de rondar por tu mente, trata de ser más indulgente contigo mismo y con los demás. Puede que solo sea el modo de autopreservación jugándote una mala pasada. Cabe señalar que estar agotado puede tener un efecto parecido, aunque más leve, como una especie de *modo de autopreservación light®*.

Entonces, ¿cómo se desactiva ese estado para que el cerebro vuelva a su faceta más sociable y cooperativa? ¡Ah, facilísimo! Solo debes entablar relaciones profundas y significativas. Con un amplio abanico de personas. Una red amplia, que, además, tendrías que seguir ampliando y diversificando constantemente. Bueno, al menos, hasta que todos los aspectos de tu personalidad, tus intereses, tus vivencias y tu mundo interior estén debidamente representados. Y, además, te sientas plenamente comprendido, apoyado y, sobre todo, completamente acompañado. *Traga saliva*. Facilísimo, ¿verdad?

La realidad es que no existe una forma infalible de protegerse contra la soledad. Viene, digamos, en el lote completo de la experiencia humana. Llenar tu vida tal como lo acabo de describir roza lo imposible, pero, aunque pudieras, algunos de esos amigos inevitablemente... morirían. Tarde o temprano. Quizá el duelo sea lo que garantiza que todos, incluso los más sociables y queridos, nos encontremos con la soledad, al menos una o dos veces en la vida. Cuando perdemos a alguien que amamos, no existe manera de llenar el vacío que deja su ausencia. La soledad que sentimos mientras nos adaptamos a una vida sin esa persona es incomparable, y ninguna relación, por profunda que sea, puede evitar esa sensación.

Sí, tener a personas cerca ayuda, tanto a la hora de afrontar una crisis como para prevenir los efectos del modo de autopreservación. Cultivar buenas relaciones sociales es, sin duda, una estrategia eficaz para proteger la salud mental, especialmente en tiempos difíciles.[35, 36, 37, 38, 39, 40, 41, 42, 43] Y, aunque mi lista de relaciones ideales pueda parecer exagerada, hay algo de verdad en ella.

Se suele decir que «importa más la calidad que la cantidad», pero, en lo que respecta a las redes sociales, necesitamos ambas.[44, 45, 46, 47] Necesitamos relaciones íntimas y profundas, claro está, pero también ese saludo amistoso en la cafetería o una charla trivial con alguien en el transporte público. Estas interacciones refuerzan nuestro sentido de pertenencia, algo que echamos de menos en esta vida moderna tan fragmentada.

Los estudios sobre la soledad pueden ser difíciles de interpretar; a menudo ofrecen resultados contradictorios sobre qué tipo de intervenciones funcionan mejor. Incluso en un mismo estudio, una misma estrategia puede figurar entre las más y las menos eficaces.[48] Esto puede parecer ilógico hasta que se entiende que la eficacia depende de cuál es la necesidad social insatisfecha que está provocando la soledad. No hay una sola solución porque la soledad no es un problema que tenga una sola causa.

Nuestra vida social tiene muchas capas. El barista que se sabe tu pedido o ese vecino al que saludas al pasar (aunque parezcan detalles sin importancia) también forman parte de tu tejido social. Aunque tengas una pareja que te quiera y un grupo de amigos cercanos, aún puedes experimentar una sensación de vacío, una nostalgia difícil de precisar. Tal vez te ocurra justo lo contrario: lo que echas en falta es una sensación de compañía constante. Puede que anheles algo concreto, como una buena risa, de esas que te dejan sin aliento. O tal vez desees encontrar gente que comparta tu pasión por la construcción de barcos del siglo XVIII; un mentor que te ayude a perfeccionar tu arte quesero, o incluso un coro de cantantes mongoles. ¡Quién sabe! Hay tantas posibilidades como personas hay en el mundo, porque todos somos maravillosamente especiales a nuestra manera.

Tómate un tiempo para identificar cuál es la pieza que falta en ese tejido social, y luego podrás buscar las conexiones que llenen ese vacío en particular. Puede que no encuentres a la persona perfecta o no consigas forjar exactamente el tipo de relación que habías imaginado, pero algo similar puede contribuir mucho a tu bienestar social. Entonces, ¿cuál es el siguiente paso? ¿Cómo puedes ir a la búsqueda de esas conexiones concretas una vez que sabes qué te falta?

Aquí entra en juego Internet. *Se oyen de fondo los pitidos del módem de acceso telefónico.*

Clic, *scroll*, repetir

Internet no tiene, precisamente, la mejor reputación en lo que respecta a la salud mental. Para empezar, el uso intensivo del *smartphone* se asocia con la ansiedad y la depresión,[49] aunque no creo que haga falta que yo te lo diga; es un tema que se ha tratado hasta el hartazgo en los medios de comunicación y las redes sociales. «Deja el móvil —dicen—. Es malo para tu salud mental». Y no les falta razón. Aunque suene como el equivalente tecnológico del «Cómete la verdura», el consejo es bienintencionado, pero tan general que puede resultar difícil de aplicar en un mundo en el que lo digital es ya inevitable. Internet ha llegado para quedarse, así que ¿qué hacemos?

Está claro que puedes (y deberías) poner ciertos límites al tiempo que pasas conectado, pero eso es solo una parte del asunto. Internet, como el fuego, puede servirte para preparar la cena o para incendiar la casa; todo depende de cómo lo utilices. Sumergirte durante horas en una sección de comentarios repleta de hostilidad puede dejarte una sensación de vacío. Pero si se utiliza con intención y algo de autoconciencia, puede ser beneficioso para nuestro bienestar. La participación activa (por ejemplo, conversar con amistades o formar parte de comunidades *online*) no parece tener los mismos efectos negativos sobre la salud mental que hacer *scroll* sin parar.[50] El problema, claro, es que interactuar de forma consciente requiere esfuerzo y propósito; hacer *scroll* sin pensar, no.

Otra de las grandes verdades sobre Internet es que, en términos de interacción social, el ámbito digital nunca sustituirá del todo al presencial. Y hay bastante razón en ello. Lo comprobamos durante la pandemia, cuando nos vimos obligados a quedarnos en casa con nuestras pantallas como única compañía. Fue una oportunidad que los investigadores aprovecharon para recopilar datos valiosos, en lo que podría considerarse un experimento social a escala global. Sus conclusiones confirmaron lo que muchos ya intuíamos: la comunicación cara a cara es irremplazable. Pero también argumentaron, de forma convincente, que las interacciones virtuales pueden tener efectos positivos sobre la salud mental, aunque algo menores que una conversación de las de toda la vida, cara a cara, con un café de por medio.[51]

Y no, con esto no quiero decir que debas cambiar el contacto directo por más tiempo frente a una pantalla, sino que aproveches las posibilidades de una herramienta que, bien empleada, puede favorecer la conexión social. Hay foros, *subreddits* o grupos de Facebook para absolutamente todo, con independencia de tus intereses. Y, amigos míos, es precisamente en este tipo de espacios donde Internet puede desplegar todo su potencial. Nunca antes había sido tan fácil transformar una afición concreta en una experiencia compartida. Utilizada con responsabilidad, la red puede ayudarte a recuperar ese sentido de comunidad, y además llevarlo contigo allá donde vayas, sin depender de la ubicación geográfica. Este tipo de conectividad puede aliviar la sensación de soledad, sobre todo para quienes no consiguen encontrar un grupo afín en su entorno cercano. Las comunidades virtuales pueden ofrecerte validación, apoyo y una sensación de pertenencia que, fuera de Internet, muchas veces cuesta mucho encontrar. Así que sal a buscar espacios que se alineen con tus intereses y valores, e intenta sustituir parte del tiempo que pasas haciendo *scroll* por una actividad donde participes más activamente.

Ahora bien, debo hacer una *pequeña* advertencia. Cuando sentimos una fuerte necesidad de pertenecer, somos más susceptibles a dejarnos atraer por grupos que prometen una inclusión inmediata, a menudo sacrificando el pensamiento crítico.[52, 53, 54] Por eso es importante observar con muchísima atención las comunidades digitales en las que participamos. ¿Se definen por lo que les gusta o por lo que odian? ¿Fomentan el debate abierto o silencian a quienes piensan distinto? ¿Te dejan una sensación de bienestar o más bien de ira? Un cerebro hambriento de conexión puede engañarnos con facilidad, y eso puede meternos en líos. Hay grupos que prometen hacerte sentir parte de algo, pero terminan aislándote aún más, convenciéndote de que la única solución pasa por separarte del resto o cargar contra otros. La verdadera respuesta, en la mayoría de los casos, sigue estando en la conexión humana: acércate a aquellas comunidades que te lo faciliten.

Internet no solo sirve para conectar con otras personas en el plano virtual; también puede ser una puerta de entrada a amistades en el mundo real. Poco después de mudarme a Quebec para empezar el doctorado, y justo cuando estaba empezando a adaptarme, la pandemia paralizó el mundo. Mis amistades fueron desapareciendo poco a poco, según se iban graduando durante aquellos años marcados por restricciones y confinamientos. Y, cuando todo terminó, me di cuenta de que ya no conocía a nadie en la ciudad.

En un momento en el que me sentí especialmente sola, publiqué un mensaje en un grupo vecinal de Facebook: «¿Alguien tiene algún plan divertido para esta noche?». Para mi sorpresa, varias personas respondieron, y en cuestión de horas estaba cantando en el parque junto a dos nuevas amigas en un concierto homenaje a David Bowie. Esa publicación improvisada marcó el comienzo de un verano inolvidable de pádel surf, rutas de senderismo y largas charlas nocturnas sobre todo y nada a la vez. Una de esas amigas aún vive en Quebec y es mi contacto de emergencia, lo que, creo, la convierte oficialmente en mi *mejor amiga*.

Exponerse de esta manera conlleva una cierta vulnerabilidad. Resulta, curiosamente, más delicado y revelador expresar con sinceridad el deseo de hacer amigos que realizar una propuesta similar en el contexto de una cita. Pero ¿no es precisamente esa disposición a mostrarnos vulnerables el precio que hay que pagar para acceder a una conexión auténtica? Como dice la escritora Caitlin Moran: «Es un millón de veces más fácil ser cínico y blandir una espada que mostrarse con el corazón abierto y plantarse allí, sujetando un globo y una tarta de cumpleaños, con el riesgo infinito de parecer ridículo».[55] La soledad puede llegar a matarte, no lo olvides. Hacer el ridículo, en cambio, solo te hace parecer ridículo. Y solo durante un rato. ¿A quién le importa? Así que sal ahí afuera y sujeta ese globo y esa tarta con orgullo. Tu cerebro social necesita alimentarse.

A la hora de forjar nuevas amistades, lo recomendable es «especializarse». En ese mismo grupo vecinal, tiempo atrás, yo había publicado un mensaje más genérico en el que expresaba mi interés por conocer gente nueva. La publicación se llenó de respuestas amables y entusiastas, pero ninguno de esos maravillosos comentarios se tradujo en una interacción real.

En el ámbito empresarial, la idea de especializarse surge de la premisa de que cuanto más amplio es el público al que se dirige un producto o servicio, menor es el impacto que se genera. En otras palabras, si intentas gustarle a todo el mundo, lo más probable es que no termines gustando a nadie. Esta lógica también se aplica a la hora de hacer amigos y con más razón todavía: los seres humanos reaccionamos mejor ante instrucciones y objetivos claros y concretos. Un simple «¡Seamos amigos!» es demasiado vago como para provocar una respuesta concreta. En cambio, algo como «¿Qué vas a hacer esta noche? ¿Te importa si me uno?» tiene muchas más posibilidades de funcionar. Es directo, concreto y deja claro cuál es el siguiente paso. La gente reacciona cuando tiene claro cuáles son los pasos a seguir.

Esta misma estrategia puede emplearse en aplicaciones para conocer gente, pero invirtiendo la propuesta: elige una actividad y deja claro en tu perfil que buscas a un número determinado de personas para sumarse. Puede ser un concierto, un torneo de juegos de mesa al que no tienes con quién ir o un plan inventado por ti mismo para tener una excusa para quedar; una cena mensual o una increíble salida nocturna, por ejemplo. Cuanto más claro sea el plan y más definido el objetivo, mayores serán las probabilidades de que ese contacto digital se convierta en una amistad real.

Ahora bien, aunque las intenciones sean buenas, no todas las interacciones *online* van a salir bien. Por desgracia, no queda más remedio que aceptar los altibajos. La clave está en seguir intentándolo y en abordar cada encuentro con el corazón abierto y con la disposición de conectar de verdad. Aunque pueda parecer una frase vacía, lo cierto es que nuestras creencias sobre la comunicación digital influyen directamente en los resultados. Si entramos a Internet con la intención de entablar vínculos significativos, es más probable que lo consigamos.[56] Si, en cambio, damos por hecho que la experiencia será negativa, déjame decirte que lo más probable es que así sea. Así es el antiguo principio de la profecía autocumplida. *Redoble de trompetas.* No tiene nada de sobrenatural: sencillamente, nuestras expectativas influyen en nuestro comportamiento. Cuando creemos que las relaciones digitales pueden tener valor, aumentan nuestras probabilidades de implicarnos y hacer que sucedan. Cuando tenemos una expectativa positiva de conexión, nos mostramos más receptivos. Y cada paso que damos, guiado por esa creencia, contribuye a dar forma a nuestro camino.

Pero también ocurre lo contrario: nuestras experiencias pueden cambiar cómo vemos las cosas.[57, 58, 59] Y esa transformación, a su vez, modifica cómo nos relacionamos, tanto *online* como cara a cara. Una especie de *profecía autocumplida* de la profecía autocumplida, por así decirlo. Algo que haría fruncir el ceño incluso al helenista más veterano: la tendencia del cerebro a enredarse en sus propias construcciones mentales.

Esta dinámica puede empujarnos hacia la negatividad, sí, pero también tiene el potencial de generar ciclos de positividad. Puede que en plena era digital todo parezca jugar en nuestra contra, pero si entendemos las reglas del juego y conocemos a nuestros «oponentes», podemos darle la vuelta a la partida.

Quid Prosocial Quo

El cerebro social humano tiene la capacidad de distorsionar nuestra tendencia innata hacia la cooperación, desviándonos progresivamente hacia el espectáculo de la exageración y el conflicto. Reducimos la velocidad en la autopista para observar las secuelas de un accidente, sentimos debilidad por los cotilleos y el *feed* de nuestras redes sociales está repleto de enfrentamientos (tanto genuinos como fabricados), simplemente porque les prestamos atención de manera sistemática. Hay algo en la controversia que nos atrae, y todo se remonta a la supervivencia.

Cuando los primeros *Homo sapiens* recorrían los feroces paisajes del Pleistoceno, detectar y reaccionar ante amenazas era cuestión de vida o muerte. Aquellos individuos capaces de detectar el crujido de un depredador oculto entre los arbustos tenían mayores probabilidades de seguir con vida y transmitir sus genes. El cotilleo también jugaba un papel importante, ya que permitía a los humanos compartir información vital sobre quién era digno de confianza y quién, llegado el caso, podía ser peligrosamente hábil con una piedra afilada.

Nuestro cerebro sigue conservando el legado de esos mecanismos de supervivencia primitivos. Estamos programados para fijarnos en los conflictos y en las señales de disrupción social, porque en otro tiempo podían tener consecuencias letales. El conflicto activa esos mecanismos arcaicos, provocando un aumento de la atención y, seamos sinceros, una cierta excitación. Cuando presenciamos un conflicto, el cerebro libera un cóctel de neurotransmisores que agudizan la percepción y nos ponen en estado de alerta. [60, 61, 62] Es como si nos dijera: «¡Esto podría ser importante!». Y, en su contexto evolutivo, efectivamente lo era. Sin embargo, hoy en día, este mismo mecanismo puede empujarnos hacia un agujero negro de negatividad y cinismo.

Y lo cierto es que se puede ganar mucho dinero aprovechando esta particularidad del cerebro social humano. Los *reality shows*, con sus conflictos diseñados al milímetro, nos mantienen enganchados a la pantalla. Incluso hay fábricas de contenido dedicadas a guionizar y escenificar peleas en redes sociales. Estos vídeos se hacen virales en cuestión de segundos, acumulando visualizaciones y comentarios mientras reaccionamos, en masa, con total indignación. Nos sentimos atraídos por estas exhibiciones digitales de mala conducta, lo que no es muy distinto a cuando los aldeanos de antaño se reunían alrededor de los cepos públicos.

El problema es que esta exposición constante al conflicto acaba distorsionando nuestra percepción de la realidad. Solemos sobrevalorar la importancia de lo que tenemos delante, y eso significa que el cerebro puede convencerse con facilidad de que algo es más relevante de lo que en realidad es, si se repite lo suficiente. Este fenómeno, conocido como «heurística de disponibilidad», es uno de los muchos errores sistemáticos que comete el cerebro humano, que suelen denominarse «sesgos cognitivos».[63]

Con cada vídeo, nuestra visión del mundo se vuelve un poco más cínica. Llegamos a creer, casi por inercia, que estamos rodeados de personas coléricas e irracionales, siempre a punto de estallar por cualquier nimiedad. Olvidamos que estas situaciones no son lo habitual, sino la excepción. Y ese olvido nos va endureciendo el corazón cada vez más. Nos volvemos más rápidos juzgando, más lentos perdonando y más propensos a mirar al otro con desconfianza antes que con compasión. Tal como lo expresó la periodista Mimi Swartz en el *New York Times*: «Nos hemos convertido en una nación de casos extremos, estamos armados hasta los dientes, y la furia y el cinismo luchan por convertirse en la emoción dominante».[64]

Pero tienes la *posibilidad* de elegir otro tipo de contenido. Uno que muestre lo mejor del ser humano en lugar de lo peor.

Porque tu cerebro absorbe toda la información a la que lo expones, no lo olvides. Y esto no pretende ser una crítica: a mí también me pasa. A veces me descubro viendo esos vídeos y me pregunto si esa persona no estará simplemente teniendo un mal día. Soy consciente de que, en muchos casos, esos estallidos públicos están impregnados de actitudes racistas o clasistas, y que grabarlos puede ser la única forma de exigir responsabilidades. Pero, por cada caso real de un comportamiento inaceptable, hay muchos otros en los que lo que vemos es a alguien desbordado.

Después del funeral de mi madre, tuve que hacer escala en el aeropuerto de Le Bourget, París, ya que no había vuelos directos desde Edimburgo hasta Quebec. La terminal estaba más concurrida de lo habitual, y el único asiento libre estaba rodeado de revistas viejas esparcidas por doquier y restos de comida. Cuando anunciaron la puerta de embarque, una mujer me vio salir de aquel desorden y me dijo, en francés, que debería recogerlo antes de marcharme. Como mi francés no es muy bueno y, además, tenía el alma rota, no fui capaz de explicarle con calma que aquello ya estaba así cuando llegué. En su lugar, entré en una especie de trance semipsicótico y empecé a repetirle a la pobre mujer, una y otra vez: «Tú no eres mi madre, no me digas que lo limpie», hasta que una azafata se acercó y nos rescató a ambas. Sí… *¡Tierra, trágame!*, ¿verdad?

He contado esta historia a mis amigos varias veces, y siempre acabamos riéndonos de lo *ridículamente obvio* que fue todo. No hace falta que venga un psicólogo clínico a descifrar lo que me pasó. ¿De verdad no podía haberme ahorrado el cliché en medio de mi propio arrebato emocional? ¡Qué vergüenza! Supongo que tuve suerte de que nadie sacara el móvil y lo grabara; no creo que fuera mi mejor versión, precisamente.

En su autobiografía *The Cost of Living*, la autora Deborah Levy relata una escena muy parecida que sucedió durante las últimas semanas de vida de su madre.[65] A esas alturas, su madre ya no podía comer ni beber, salvo por una marca concreta de polos que apenas podía succionar y tragar. Su favorito era el de lima, seguido de cerca por el de fresa. El de naranja aún pasaba, pero el de chicle estaba completamente descartado. Corría el mes de febrero, y la búsqueda de esos polos llevó a Levy a un quiosco de prensa del barrio, regentada por tres hermanos turcos. En ese momento, ella estaba hecha polvo: acababa de separarse y su madre tenía un diagnóstico de cáncer terminal. Explicar por qué iba cada día a comprar polos en pleno invierno le resultaba imposible. Simplemente entraba, rebuscaba en el congelador con la esperanza de encontrar alguno de lima o fresa, pagaba y se iba en bicicleta al hospital.

Un día, cuando llegó y solamente encontró polos de chicle, Levy perdió los nervios. Le gritó al hermano más joven: «¿Por qué solo tenéis de chicle?». Aquel reproche se convirtió en una perorata, en la que les urgía a reponer cuanto antes los sabores adecuados. Se preguntó en voz alta quién en su sano juicio fabricaría un polo de chicle (y, peor aún, quién decidiría venderlo), y por qué ese congelador estaba lleno de esa aberración y no de los sabores buenos, *especialmente* el de lima. Él no respondió con enfado, sino con un silencio absoluto, visiblemente desconcertado por aquel arrebato inesperado.

Después del funeral de su madre, Levy regresó al quiosco para disculparse y ofrecer una explicación.

—Si nos lo hubieras dicho —le respondió con amabilidad el hermano mayor—, habríamos ido al mayorista y comprado una caja entera solo para ti. Ya imaginaba que era algo así… ¿No os dije que los compraba para alguien enfermo?

Los tres hermanos dirigieron entonces una mirada fulminante al congelador, como si tuviera parte de la culpa por contener el sabor equivocado para una madre moribunda. Y luego, sin saber muy bien por qué, los cuatro comenzaron a reírse; por lo ridículo de la situación, por lo poco digna y, al mismo tiempo, profundamente humana que fue. Semanas después, Levy volvió al quiosco. Y esta vez, los hermanos la esperaban con un obsequio: le ofrecieron una taza de café turco, decorada con esmero, como muestra de apoyo por su pérdida. Es un poderoso contraejemplo frente al cinismo que abunda en Internet. Eligieron la empatía por encima del juicio, y con ese gesto le ofrecieron a Levy justo lo que necesitaba para lidiar con uno de los momentos más duros de su vida: la conexión humana.

Porque el duelo, el trauma o las enfermedades mentales rara vez se manifiestan de forma heroica. A menudo se expresan en escenas absurdas, incluso humillantes: gritar por los sabores de unos polos o repetirle una y otra vez a una desconocida que no es tu madre en medio de un aeropuerto. Son momentos de arrebato que la mayoría lamentamos casi de inmediato, y que a veces nos hacen cargar con la culpa de haber arrastrado a otros a nuestro propio sufrimiento. Poder mirar atrás y tomarlos con un poco de humor es muy importante. Al final, debemos aprender a perdonarnos por habernos desbordado, por más culpa que sintamos. Es parte del proceso de sanación.

En una época en la que basta con sacar el móvil y lanzar una frase ingeniosa para obtener una reacción rápida, es fácil olvidar la naturaleza caótica del duelo y el poder transformador de la bondad. Olvidamos que, si bien algunas reacciones son inaceptables, otras pueden ser simples estallidos de dolor frente al sufrimiento. Por supuesto, cada uno debe hacerse responsable de sus actos, incluso en los peores momentos. Las injusticias deben denunciarse y los responsables deben rendir cuentas. Pero lo que propongo es que, ante un comportamiento extraño por parte de otra persona, al menos durante un segundo, nos preguntemos qué podría empujarnos a nosotros a actuar de esa manera. Es un pequeño cambio de perspectiva, pensado también para nuestro propio beneficio. La empatía beneficia tanto a quien la recibe como a quien la brinda. Es una forma de mantenerse a salvo del cinismo, esa actitud que tiene el poder de desconectarte de la humanidad.

Además de la heurística de disponibilidad (por la que tendemos a sobrevalorar la relevancia de la información que encontramos con mayor frecuencia), existen numerosos sesgos cognitivos que merman nuestra capacidad de analizar el entorno social de forma lógica. Un ejemplo paradigmático es el error fundamental de atribución, que nos lleva a justificar nuestras propias transgresiones en función del contexto, mientras negamos ese mismo margen a los demás.[66] Solemos interpretar los errores ajenos como prueba de algún defecto o de motivos dudosos. Y, como ocurre con la mayoría de los sesgos cognitivos, lo hacemos casi siempre de forma inconsciente.

Pero podemos empezar por observar con atención qué pensamos de los demás cuando cometen errores. El cerebro (sobre todo en un entorno que parece hecho para sacarnos de quicio) puede caer en el cinismo con mucha facilidad. Y si a esa mezcla le sumamos la sensación constante de soledad o el modo de autopreservación, el resultado es una combinación propensa a generar una desconexión emocional muy profunda. La próxima vez que veas a alguien perder los estribos o desatender un proyecto laboral, tal vez valga la pena preguntarse qué cargas invisibles podría estar soportando esa persona. En psicología, estrategias como esta se conocen como «toma de perspectiva» y «evaluación cognitiva», y pueden tener un impacto enorme en cómo percibimos y nos relacionamos con los demás.[67] No se trata de justificar todo ni de mirar hacia otro lado ante la irresponsabilidad, sino de reivindicar un poco de empatía en un mundo que se alimenta del cinismo.

Si te colocáramos frente a una pantalla y te mostráramos un vídeo de una persona que aparentemente está sufriendo (*aparentemente*; ningún ser vivo ha sido dañado para este ejemplo), lo más probable es que en tu cerebro se activaran regiones asociadas al dolor y la empatía. Y si hiciéramos una resonancia magnética, podríamos observar en tiempo real cómo se activan la ínsula, la CCA y la amígdala. Si, además, te pidiéramos que tomaras una perspectiva de forma deliberada, seguramente veríamos una *mayor* actividad en la ínsula y la CCA, lo que indicaría un aumento de la empatía afectiva.[68] Este efecto es aún más poderoso cuando realmente te metes en la piel del otro, en lugar de limitarte a imaginar cómo se siente desde fuera.

La evaluación cognitiva, en cambio, tiende a incrementar la actividad en la corteza orbitofrontal ventromedial (abreviada como COFvm). Pongamos por caso que ves cómo alguien se golpea un dedo del pie. Poner en práctica la evaluación cognitiva implicaría detenerte un momento a considerar si esa persona, por ejemplo, acaba de hacerse la pedicura (¡Dios no lo permita!), o si está a punto de correr una maratón y esa lesión podría complicarle las cosas. Este proceso implica integrar factores contextuales para evaluar mejor la gravedad de la situación. La COFvm funciona como una especie de centro de toma de decisiones sociales y emocionales del cerebro. Activar esta zona de manera deliberada no solo potencia tu empatía, sino que también puede ayudarte a tomar mejores decisiones y a comprender las interacciones sociales con mayor claridad.[69] *¡Toma eso, modo de autopreservación!*

La toma de perspectiva y la evaluación cognitiva son solamente dos de los componentes del complejo entramado que constituye el comportamiento prosocial. Dicho comportamiento se basa, fundamentalmente, en tratar bien a los demás y ofrecerles apoyo. Puede ser sonreír a un desconocido, echar una mano a un compañero de trabajo o simplemente escuchar (de verdad) cuando alguien te habla. Parece algo muy sencillo, y en muchos aspectos lo es, pero sus efectos son extraordinarios.

Podríamos pensar en el comportamiento prosocial como una especie de suscripción al gimnasio del alma. Así como practicar actividad física con regularidad ayuda a mantener al cuerpo en forma, ser amable con los demás ayuda a mantener la mente sana y, sobre todo, lejos del modo de autopreservación. Incluso en pequeñas dosis, el comportamiento prosocial puede paliar la sensación de soledad y mejorar muchísimo el estado de ánimo.[70] Esa reconfortante calidez que sentimos se debe, en parte, a que se activa el sistema de recompensa del cerebro. Cuando brindas tu apoyo a otras personas, tu cerebro libera una agradable mezcla de dopamina, oxitocina y endorfinas.[71, 72] Esta recompensa bioquímica no solo nos hace sentir bien: también fomenta la conexión y el sentido de pertenencia. Esto quiere decir que el simple acto de apoyar a alguien puede aliviar tu propia sensación de soledad.[73] De hecho, algunos estudios sugieren que ofrecer apoyo puede tener más beneficios para la salud que recibirlo.[74, 75, 76, 77] *Es casi como si la supervivencia de nuestra especie dependiera de la cooperación social... o algo así.*

Pero los beneficios no se limitan al ámbito biológico. Las personas que participan activamente en sus redes sociales ofreciendo apoyo suelen recibir algo a cambio, ya que quienes se sienten acompañados tienden a devolver el gesto, prestando también su ayuda.[78] Parece que el karma no es tan cruel como a veces lo pintan. La reciprocidad es un principio básico en la ciencia del comportamiento y un pilar de la interacción humana. Cuando alguien tiene un gesto positivo con nosotros, lo más habitual es que queramos responder del mismo modo. Es una regla tácita (a menudo inconsciente) que rige nuestras interacciones. Este intercambio mutuo genera una red de interdependencia que fortalece a las comunidades y las hace más resilientes. No se trata de llevar la cuenta ni de devolver favores a rajatabla. De hecho, la reciprocidad humana no siempre es bidireccional; también respondemos de forma instintiva ayudando a terceros, en lo que se conoce como «reciprocidad indirecta»,[79] un hermoso ciclo que refleja, en esencia, lo que significa ser humano.

La empatía es a menudo el motor que impulsa el comportamiento prosocial. Es el pegamento que mantiene unida a la sociedad: sostiene matrimonios, nutre amistades y da vida a las comunidades.[80] No obstante, los estudios acerca del tema indican una tendencia preocupante: la empatía está en declive. Una investigación de la Universidad de Míchigan reveló que, en los últimos treinta años, los niveles de empatía habían disminuido un 40 %.[81] Sin embargo, recientemente, los mismos investigadores han advertido (aunque con cautela) un cambio esperanzador: tras décadas en descenso, esta tendencia podría estar empezando a revertirse.[82] En cualquier caso, estos hallazgos nos recuerdan que la empatía no es algo garantizado, sino que depende en gran medida del contexto en el que se cultiva. Y, si no la cuidamos, esta limitación humana puede suponer un riesgo considerable, tanto a nivel individual como colectivo.

La brecha de la empatía

La empatía evolucionó para reforzar los vínculos sociales dentro de grupos pequeños y cohesionados y, por ese motivo, no es muy eficaz en el mundo que vivimos hoy. Hoy habitamos un planeta con más de ocho mil millones de personas, la mayoría de las cuales nunca conoceremos. Nuestra capacidad empática no ha crecido al ritmo de esta nueva realidad, y sigue siendo, en muchos sentidos, terca y profundamente local. Somos, en cierto modo, como dinosaurios de la empatía: intentamos orientarnos en un mundo muy distinto al que nuestros cerebros fueron diseñados para comprender. El mundo se ha vuelto un lugar demasiado grande y demasiado complejo para nuestras viejas conexiones neuronales. Nos abruma la magnitud de todo, y nuestro cerebro (diseñado para vivir en una aldea) simplemente no da abasto para procesarlo. Incapaz de sostener altos niveles de empatía hacia multitudes anónimas, recurre por defecto a la apatía. Nos desconectamos.

El escritor austríaco Stefan Zweig lo ilustró muy bien en su ensayo de 1941 *Die Angler an der Seine* («Los pescadores del Sena»).[83] Cuando era joven, Zweig se topó con un relato del día en el que fue ejecutado Luis XVI, un acontecimiento clave en la Revolución francesa. La decapitación pública del rey fue una declaración violenta: el futuro de Francia lo decidiría el pueblo, no la monarquía. Los revolucionarios se sintieron legitimados, y la caída del *ancien régime* reforzó su determinación de instaurar un nuevo orden. Era, en otras palabras, un momento histórico *importantísimo*. Sin embargo, mientras miles de parisinos se agolpaban para presenciar el hecho, algunos hombres decidieron ir a pescar al Sena, como si fuera un día cualquiera. A ojos del joven Zweig, aquello era una muestra de indiferencia inaceptable. Que alguien pudiera centrarse en algo tan banal en un día tan trascendental le parecía absurdo. Sin embargo, tras vivir en primera persona los primeros años de la Segunda Guerra Mundial, Zweig reinterpretó aquel episodio. No fue frialdad ni apatía lo que llevó a los pescadores al río ese día. Fue la naturaleza humana. En sus palabras: «El exceso de sufrimiento no solo mata a los hombres; también aniquila la capacidad de compasión».

Aun así, siento que el ensayo de Zweig transmite un cierto optimismo. Parece conducirnos a la idea de que la indiferencia ante el horror constante no es un defecto de nuestra especie, sino una función propia de nuestra condición humana. Concluye: «En vez de quedarnos contemplando las ruinas de un mundo que se cae a pedazos, tratamos de levantar uno nuevo y mejor». Quizá tenga razón. Tal vez nuestra lucha con la empatía sea tan humana como nuestra capacidad de sentirla. No es que dejemos de preocuparnos del todo, sino que redirigimos la energía: dejamos de centrarnos en los escombros para imaginar algo mejor. Intentamos seguir adelante, como podemos.

Frente a crisis globales continuas, salimos a la calle a reclamar justicia, defendemos los derechos humanos y, a veces, simplemente nos vamos a pescar. Incluso en los momentos más oscuros, seguimos adelante... por instinto. Y es que es imposible preocuparse por cada tragedia, cada infortunio, cada grito de ayuda sin llegar al agotamiento. Así que nos retiramos a la seguridad de la indiferencia y reservamos nuestra empatía para aquellos que caben en nuestro limitado campo mental. Por eso, aprender a reconocer y gestionar la fatiga empática es fundamental. Del mismo modo que no le pediríamos a un corredor de maratón que esprintase de forma continua sin parar, no podemos exigirnos mantener la empatía al máximo sin tomarnos un tiempo para recargar energías. A veces, ir a pescar es la mejor opción. Descansar con intención nos permite conservar nuestra energía (y nuestra empatía), de forma que podamos intervenir cuando realmente se necesita. En tiempos de crisis, son a menudo las acciones de personas comunes las que devuelven la esperanza. Son ellas quienes cuestionan sistemas de poder opresivos y liberan a futuras generaciones de ese sufrimiento. No malgastes tu empatía en contenidos sensacionalistas. Filtrar lo que consumes en redes sociales y limitar tu exposición al cinismo, la catástrofe y la indignación es una forma eficaz de reforzar tanto tu red social como tu capacidad de actuar en beneficio de los demás.

La conexión humana es, a la vez, lo más simple y lo más complejo que existe. A lo largo de todos estos años sorteando como he podido las relaciones sociales, he aprendido que va mucho más allá de tener amigos íntimos y asegurarte de verlos con regularidad. La soledad va más allá del hecho de no tener gente a nuestro alrededor. Es más bien una sensación de desconexión. Deseamos compañía, y también ser comprendidos, por supuesto. Pero, sobre todo, necesitamos sentir que formamos parte del tejido social, que nos reconocemos en las vidas y acciones de otros seres humanos. Cuando no conseguimos generar esa sensación de comprensión, nos sentimos desfasados. Es una pieza clave para entender por qué la soledad puede hacerte sentir como un alienígena perdido en otra galaxia, sin posibilidad de regresar a casa.

Y eso, en cierto modo, resulta tranquilizador. Al menos para mí, y quizá también para quienes, como yo, han pasado buena parte de su vida sintiéndose solos. No hace falta que seas la persona más encantadora del mundo con todo aquel que se cruce en tu camino ni estar haciendo amigos constantemente. La soledad (o ciertos aspectos de ella) puede aliviarse trabajando desde dentro, enfocándonos en nuestra capacidad de sentir afecto hacia los demás (hacia los humanos en general) más que en nuestro propio atractivo personal. No se trata tanto de encajar como de pertenecer. Aquí. En la Tierra. Con todos los demás primates lampiños que caminan sobre dos patas.

Resumen del capítulo

Reconoce que la soledad es un problema de salud. Trátala con la misma seriedad con la que abordarías cualquier otro problema de este tipo y toma la iniciativa para establecer conexiones con los demás.

Un cerebro solitario es un cerebro que miente. En momentos en los que te sientas muy solo, intenta ser más indulgente contigo mismo y con quienes te rodean. Recuerda que tu cerebro puede estar haciéndote ver rechazo u hostilidad donde no lo hay.

Aprovecha el poder de los lazos débiles. Intenta crear una red de conocidos y vínculos comunitarios. Preséntate al barista de tu cafetería favorita, saluda con una sonrisa a tu vecino cuando os crucéis o crea nuevas amistades en torno a intereses o planes en común.

Utiliza la tecnología para establecer (no para sustituir) la conexión. Usa Internet con intención, como una herramienta para forjar vínculos genuinos, y no solo como una vía de escape para hacer *scroll* por las redes. Nuestras expectativas sobre una situación pueden influir en cómo se desarrolla, así que entra en el mundo digital con la idea de entablar conexiones reales.

Busca nuevas conexiones con propósito. Sé intencional a la hora de ampliar tu círculo social. Acércate a grupos, eventos o actividades que estén en sintonía con tus intereses o valores, con una actitud abierta y participativa. Evita aquellos entornos que fomenten el odio, la división o el aislamiento.

En los negocios o en la amistad, céntrate en un nicho. Si quieres hacer nuevas amistades, márcate un objetivo concreto con pasos sencillos. Usa los grupos vecinales de Facebook para ver qué planes hay y si puedes sumarte. Si usas aplicaciones para conocer gente, ve con un plan en mente, ya sea encontrar a un grupo de personas para acompañarte a un evento o incluso organizar uno tú mismo.

El sesgo del conflicto. Intenta alejarte del contenido centrado en el conflicto, ya sea en redes sociales o en plataformas de *streaming*. Cuando presencies una reacción desproporcionada (en televisión, en Internet o en persona), trata de responder con empatía en lugar de juzgar.

Fomenta la empatía y la toma de perspectiva. Practica ponerte en los zapatos del otro, sobre todo en momentos de conflicto o malentendidos. Ejercitar la evaluación cognitiva y la toma de perspectiva te ayudará a mejorar tu capacidad para conectar más con otras personas.

Apoyo para el alma. Tener gestos prosociales, como escribir una nota de agradecimiento o prestar ayuda a quien lo necesita, puede aliviar tu sensación de soledad y, además, fomentar la reciprocidad. Cuanto más des, más probable será que también recibas apoyo cuando lo necesites.

Gestiona la fatiga empática. Limita tu exposición al cinismo, a las noticias catastrofistas y a la indignación constante. Dirige tu empatía y tu energía hacia causas que realmente lo merezcan. Y, si te sientes sobrepasado, date permiso para desconectar e «irte a pescar» y hacer pausas cuando lo creas necesario.

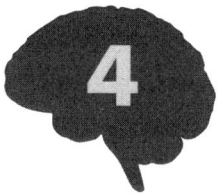

Duermo, luego existo

Pongamos en marcha la máquina del tiempo y volvamos al principio. Cuando el artefacto entra en funcionamiento, el mundo se vuelve borroso y el flujo del tiempo empieza a distorsionarse. Retrocedes, cierras el libro y deshaces tus pasos para dejarlo en el lugar donde lo encontraste. El día se rebobina: desdices lo que dijiste, devuelves lo que comiste. Regresas caminando hacia la cama como si hicieras el *moonwalk*, caes de espaldas y te frotas los ojos hasta que las legañas vuelven a formarse.

Las horas se condensan en días, los días en años, y atraviesas una niebla de recuerdos e hitos históricos a toda velocidad. Te haces más joven, más pequeño, y cada vez estás más cerca del comienzo. El reloj llega a cero, pero no se detiene, sino que sigue retrocediendo: va más allá de tu primer llanto, del momento en el que abriste los ojos, incluso antes de que tomaras tu primera bocanada de aire. Entonces la máquina del tiempo se frena con un clic suave. Por fin has llegado: estamos varias semanas antes de que nazcas.

Es en este momento cuando tu cerebro comienza a formarse.

Acurrucado en la seguridad del útero, tu cerebro empieza a soñar: entras en contacto con la conciencia por primera vez. Tu cerebro se activa, estimulado por los ritmos del sueño REM. No recordarás este momento, pero dará forma a todo lo que vendrá después. Ese sueño no es solo descanso; es el comienzo de la construcción de tu mundo interior.

A estas alturas, la mayoría de las neuronas que te acompañarán a lo largo de tu vida ya están dentro de ti. Estas células empiezan a conectarse entre sí, guiadas por las vibraciones del sueño, formando caminos que darán lugar a tus pensamientos, tus sentimientos y a la esencia de tu identidad. Tu pequeño cuerpo se sacude, y así se empieza a crear el vínculo entre la mente y los músculos. Así es como empiezas a tomar forma: capa a capa, conexión a conexión.

Presta atención. ¿Lo oyes? Ese pulso suave y regular es tu cerebro y tu cuerpo entrando en sintonía con el ritmo circadiano. Ese reloj interno marcará el compás de toda tu vida. Te susurrará cuándo es hora de dormir y cuándo de despertar. Afectará a tus emociones, influirá en tus decisiones y dará color a cada pensamiento, idea y deseo que tengas. Incluso contiene ya la semilla de posibles enfermedades, y empieza a moldear poco a poco tu salud mental y física.

Este es el comienzo de todo para ti, el momento en el que se reunieron por primera vez los elementos esenciales de tu mente. Solemos creer que el sueño es un estado pasivo, un espacio vacío dedicado únicamente al descanso. Pero, en realidad, es el lugar donde tú, yo y todas las personas que conocemos empezamos a construirnos. Dormir es un estado de transformación al que volvemos cada noche para reconectar con nosotros mismos. Cuando cerramos los ojos y nos dormimos, no solo descansamos el cuerpo: volvemos al taller de la conciencia, donde el ciclo de renovación sigue trabajando en silencio. Las neuronas se disparan, las emociones se procesan, los recuerdos se consolidan y el cerebro pone en orden todo lo que ha ocurrido durante el día, para así prepararnos para volver a enfrentar el mundo con la mente clara y una nueva perspectiva al día siguiente.

Máquina del tiempo, es hora de cambiar el rumbo. Vámonos de aquí. Si algo nos enseñó la famosa trilogía de los años ochenta, *Regreso al futuro*, es que meterse en el pasado nunca trae nada bueno.

Ctrl+Z para el alma: deshacer el día

Cada noche regresamos al sueño para desconectarnos del mundo exterior y volver «a casa», a nuestro estado más esencial. Cuando dormimos bien, los problemas dejan de ser tan graves, pensamos con más claridad y la vida parece tener más sentido. En cambio, cuando no descansamos lo suficiente, la historia se vuelve más confusa.

No solemos pasar noches enteras sin dormir, pero sí acumular poco a poco una deuda de sueño: un episodio más de esa serie que no podemos dejar, una última mirada al móvil en la cama, los madrugones por culpa de los niños o las jornadas laborales que se alargan porque la fecha de entrega aprieta. Y otras veces, simplemente, por más que lo intentamos, no conseguimos dormir.

Cada hora de sueño perdida se suma a una deuda que, tarde o temprano, hay que saldar. Y, por desgracia, no se compensa con dormir un poco más el fin de semana. Esa deuda acaba cobrándose en forma de consecuencias para la salud: a veces se nos va la memoria o nos ponemos de mal humor;[1] otras veces, la factura se presenta como ansiedad o depresión.[2] Si la cantidad de horas que adeudamos sigue creciendo, las consecuencias pueden ser mucho peores, como psicosis o un mayor riesgo de demencia.[3, 4] Y no solo afecta a la mente; también al cuerpo. El sistema inmunitario se debilita y el metabolismo se descontrola.[5, 6]

La solución, en teoría, es bastante fácil. Yo la aprendí de niña, gracias a la concisa orden de mi madre: «¡A la cama!». Ahora imagínalo dicho con un acento escocés cerrado. De pequeños, muchos teníamos la suerte de tener padres que impusieran los horarios de sueño. Ahora, toda la responsabilidad recae en nosotros. Así que trátate de la misma forma que cuidarías a un niño: ponte una hora para dormir y cúmplela, al menos, la mayoría de las veces. Cuando fui al Centro Espacial Kennedy a ver el lanzamiento del Artemis 1, me metí en la cama a las cinco de la mañana. Esa es mi propia versión de una noche alocada. Lo ideal para mí sería mantener un horario de sueño regular, sin duda, pero la vida también está para disfrutarla. Tener cierto grado de flexibilidad no hace daño a nadie.

Una noche de descanso óptima dura entre siete y nueve horas, aunque la cifra exacta depende de cada persona.[7, 8] Si quieres saber cuántas necesitas tú, fíjate en cuánto duermes cada noche y, al despertar, pregúntate: «¿Me siento bien, con energía?». Si por las mañanas te levantas atontado, quizá es momento de hacer algunos cambios. Nuestros horarios suelen estar marcados por las exigencias del trabajo o de la familia, lo que, en cierto modo, facilita las cosas: lo ideal sería acostarse entre siete y nueve horas antes de que suene la alarma.

Y a los valientes que trabajan por turnos, les digo que no todo está perdido. Todos los consejos que doy pueden adaptarse, como esas clases de yoga con opciones para todos los niveles: la postura del *pretzel* flotante para los avanzados y una versión más sencilla para los que aún no han alcanzado la iluminación. Diseña tu propia estrategia de sueño: un horario para los turnos de mañana y otro para los de noche.[9] Así, tu cerebro puede seguir un ritmo estable, aunque no sea del todo regular.

El cerebro se siente más cómodo con los rituales y la repetición. Cuando los horarios de sueño cambian constantemente, entra en pánico. ¿Debe liberar melatonina, la hormona del sueño, o es momento de segregar cortisol para espabilarte? El sistema en su totalidad se desajusta y terminamos agotados por las mañanas y con los ojos como platos por las noches.

Esa preferencia del cerebro por la estabilidad también se manifiesta en la relación con el entorno. Por eso, cuando entro en una pastelería me entra de golpe un antojo de cruasán: el cerebro reconoce el contexto y se prepara para sentir el placer.[10] Lo mismo ocurre con el dormitorio: si lo asocias exclusivamente con el descanso, tu cuerpo empezará a relajarse en cuanto entres.[11, 12, 13] Pero si también lo usas como oficina o para pasar horas haciendo *scroll* en las redes sociales, esa asociación se debilita y el sueño se resiente. Aquí es donde entra en juego el control de estímulos, una técnica de la terapia cognitivo-conductual utilizada para tratar el insomnio. Eliminar distracciones como el uso de pantallas en la cama ayuda a reforzar la conexión entre cama y sueño. En resumen: reserva la cama para dormir. *Bueno… y para otra cosa más. Ejem.* Y sí, por si te lo preguntabas, esa *otra cosa* también figura en los protocolos clínicos de control de estímulos.[14] No vamos a renunciar al romanticismo, ¿verdad?

Antes de salir del dormitorio, hablemos de la temperatura. El rango ideal para dormir está entre 17 y 19 °C, un poco más fresco de lo que muchos imaginan.[15, 16, 17] Si hace demasiado calor, se puede alterar el delicado equilibrio químico y eléctrico que guía a tu cerebro a través de las distintas fases del sueño.[18, 19, 20] Quizá estés pensando: «¡Pero Rachel, con esas temperaturas voy a necesitar una parka y tres pares de calcetines!». No pasa nada, cúbrete con todas las mantas que quieras. Mientras el aire de la habitación se mantenga fresco, el cuerpo podrá regular su temperatura central sin problema.[21, 22] En cambio, una habitación demasiado calurosa impide al cuerpo liberar el exceso de calor, y eso dificulta tanto conciliar el sueño como mantenerlo.[23, 24] Y no hablemos del ruido… Sí, incluso el ruido blanco. Para un cerebro que duerme, el silencio es oro.[25, 26]

Entonces, si te ocupas de crear las condiciones ideales antes de acostarte y das al cerebro el tiempo que necesita en ese hogar acogedor que es el sueño… ¿qué es lo que hace mientras dormimos?

Confesiones con la almohada: terapia de pareja para tu cerebro y para ti

El sueño es un lugar mágico. Un reino de chispas eléctricas y ráfagas rítmicas con nombres curiosos como «ondas» y «husos». Es un auténtico parque de atracciones: las neuronas se mueven como en una coreografía de natación sincronizada, estirando sus diminutos brazos para reforzar conexiones, y luego, igual que tú, se toman un tiempo a solas para desconectar y disfrutar de un poco de calma.

La primera fase del sueño se llama «sueño de ondas lentas» y es como vivir la mañana de Navidad una y otra vez: todas las neuronas se reúnen alrededor del hipocampo, que se dedica a desenvolver los recuerdos del día. Quizá conociste a un gato naranja llamado Fresa. ¡Qué *gran* regalo! Al cerebro le encantará y seguro que se lo guarda. O a lo mejor, sin querer, escribiste «Ya he cagado todos los archivos» en vez de «cargado» en un correo para toda la empresa. ¡Precioso! ¡Un recuerdo que vale la pena atesorar para siempre! El hipocampo se encarga de revisar todos esos regalos y distribuirlos entre distintos grupos de neuronas de la corteza cerebral, para que puedan recuperar esa información cuando sea útil… o cuando estés disfrutando de un momento de calma. *¡«Cagado»! Querías decir «cargado», ¿te acuerdas? ¡Qué risa!*

Pero no todos los recuerdos se conservan. La nueva contraseña de la aplicación del banco o la fecha de una entrega que alguien mencionó de pasada pueden ser útiles, sí, pero muchas veces llegan tan mal envueltos que, cuando llega la noche, ya se están deshaciendo. El hipocampo tiene una reputación que mantener: no va a molestarse con recuerdos a corto plazo que ya son irrecuperables.

Durante el sueño de ondas lentas, el cerebro aprovecha para darse una buena limpieza, como si se metiera en una *everything shower*. Bajo un chorro de cálido líquido cefalorraquídeo, arrastra las desagradables placas de beta-amiloide, elimina los residuos del metabolismo celular y, de paso, se aplica una mascarilla cerebral reparadora de ADN. *¡Y queda resplandeciente!* Renovado y listo para la acción, el cerebro se desliza hacia el sueño REM, y es lógico, porque el REM es pura acción. De hecho, hay tanta actividad que, si miramos su ritmo eléctrico en un EEG, podríamos pensar que se trata de un cerebro despierto. Lo que ayuda a diferenciarlos es una señal clara: en el sueño REM, todos los músculos esqueléticos del cuerpo se desactivan.[27] Esta parálisis temporal es importante, porque impide que salgas corriendo de la cama si estás soñando que huyes del Hombre de Malvavisco (los que vieron *Cazafantasmas* en los ochenta sabrán de qué hablo).

Soñamos durante la fase REM porque se trata de una experiencia consciente,[28] pero en lugar de responder al bombardeo sensorial del mundo exterior, se genera internamente.[29] Todos necesitamos pasar un poco de tiempo con nosotros mismos, y tu cerebro no es la excepción. Es su momento de introspección, de repasar asuntos personales…; como mandar a la amígdala y al hipocampo a terapia de pareja.

El hipocampo es pragmático y se rige por el contexto; la amígdala, en cambio, se deja llevar por las emociones. Es una dinámica que suele requerir cierto ajuste, y por eso se reúnen cada noche en el sueño REM.[30, 31] En el papel de terapeuta de pareja, la corteza prefrontal actúa como mediadora: busca equilibrar las emociones con lógica y razonamiento.[32] Hay días tan difíciles que los regalos que dejamos bajo el hipocampo parecen más dignos del cubo de la basura que otra cosa. Pero saltarse el sueño no hará que desaparezcan. Los recuerdos emocionales (incluso antes de ser procesados durante el sueño) están hechos para durar gracias al férreo control de la amígdala. [33] El hipocampo necesita el sueño de ondas lentas para poner en contexto el día y llegar preparado a la terapia REM, con ideas que ayuden a calmar a la sensible amígdala. Dormir no solo consolida los recuerdos, también los procesa con una dosis necesaria de racionalidad. Por eso la falta de sueño intensifica el estrés, la tristeza y la ansiedad. Así que, por muy nefasto que haya sido el día, o por mucho que odies los regalos que vas a llevarle a tu hipocampo, en cualquier caso lo mejor que puedes hacer es dormir. [34]

Aunque no podamos decidir exactamente qué recuerdos conservará nuestro cerebro, sí hay formas de darle un pequeño empujón para que se incline por una selección más amable. Solemos recordar mejor aquello que aprendemos justo antes de dormir. [35, 36] Tiene sentido: hay menos tiempo para que ese recuerdo se pierda o se deteriore. En mi caso, suelo dejar mis lecciones de francés en Duolingo para el final del día. Si tú también estás aprendiendo algo nuevo, quizá esta estrategia te funcione. Pero ojo: antes de que decidas empollarte todo el temario la noche antes de una presentación importante, déjame aclarar algunas cosas. En primer lugar, aprender lleva su tiempo. Esto no va de meter todo un curso en el cerebro en una noche, sino de usar las horas previas al sueño para recordarle al cerebro algunas ideas clave que quieres que mantenga. Segundo, si por algún motivo el material te genera estrés, revisarlo justo antes de dormir puede afectar negativamente al sueño.

Esta idea de preparar al cerebro antes de acostarse también puede servir para procesar días difíciles, siempre que nos enfoquemos en los pensamientos desde un lugar de autocompasión. A mí, por ejemplo, las reuniones importantes por Zoom me suelen resultar un suplicio, sobre todo si hay más de dos personas y tengo que interpretar sus reacciones y señales sociales. Con solo unas cuantas cabezas flotantes y algún que otro hombro como referencia, mi cerebro tiene que esforzarse el doble para saber cuándo intervenir o si lo que estoy diciendo tiene sentido. Y, con semejante sobrecarga mental, no sería raro que en algún momento pierda el hilo y suelte alguna tontería. O, como suele pasar, que intente hacer una broma que no le hace gracia a nadie. *Se aclara la garganta.* Público difícil.

Hace unos años, asistí a una serie de seminarios *online* organizados por un cliente importante, junto con mi jefa de entonces y varios compañeros. El primer día, el ponente abrió la sesión proyectando en pantalla el número 150.000 y preguntó:

—¿Alguien puede decirme a qué corresponde esta cifra?

Sin pensarlo, solté:

—¿Es la cantidad de veces al día que le digo a mi gato lo guapo que es?

El silencio que siguió fue atronador. Mi mirada recorrió la cuadrícula de caras y se detuvo en mi jefa, que parecía enfadada y horrorizada a partes iguales. *¡Madre mía! Así es como recibo un correo de Recursos Humanos con una reprimenda.* No conseguí quitarme el asunto de la cabeza en todo el día. Esa noche, tumbada en la cama, repasé mentalmente ese momento una y otra vez, culpándome por haber sido tan ridícula. Cuando por fin pude dormirme, soñé con ello. Al despertarme al día siguiente, *seguía* pensando en lo mismo. Hoy en día, años después, todavía me atormenta.

No había forma de convencer a mi cerebro de que soltara del todo aquel episodio. *Ese recuerdo se queda.* Ojalá hubiese aprovechado esa última hora antes de dormir para centrarme en pensamientos más amables. Quizá podría haberme recordado que hasta las personas más graciosas y carismáticas del planeta meten la pata de vez en cuando con una broma inocente mal calculada. O haberme parado a pensar en lo humano que es querer

103

caer bien… y lo torpes que pueden ser a veces nuestros intentos. Las videollamadas incómodas y las bromas que dejan un silencio incómodo siguen formando parte de mi vida, pero intento con todas mis fuerzas que mis últimos pensamientos del día no ' estén llenos de reproches, no sea que acaben grabados a fuego en la memoria a largo plazo.

Cada noche, justo antes de que te duermas, tu cerebro te ofrece la oportunidad de mostrarle qué es lo que de verdad te importa. Probablemente no va a olvidar que tu pareja acaba de dejarte o que tu jefe le ha dado el ascenso a otra persona. Pero quizá, solo quizá, puedas convencerle de que también merece la pena guardar algunos pensamientos más amables junto a esos recuerdos. Dormir le da forma a la persona que serás al día siguiente. Así que… ¿quién quieres ser?

Sea lo que sea lo que te guste de ti (porque seguro que hay algo, aunque sea pequeño), recuérdaselo a tu cerebro mientras te vas quedando dormido. Piensa en esos momentos del día en los que hiciste algo que te hizo sentir bien contigo mismo: preparar una rica taza de té, respirar hondo y no perder los nervios en un atasco, o poner buena cara para proteger a tus hijos aunque tú por dentro estuvieras roto. Hoy hiciste algo bien, estoy segura. Pero si no te paras a reconocerlo, puede que el hipocampo lo deseche sin más, como si no valiera la pena recordarlo.

¿Y ahora qué? ¿Qué pasa si has marcado tu hora para ir a la cama, te has acurrucado bajo las mantas con pensamientos amables y reconfortantes… y el sueño simplemente no llega?

Desde que se pone el sol hasta que vuelve a salir… y vuelta a empezar

Después de meterme en la cama a las cinco de la mañana la noche del lanzamiento de la misión Artemis 1, me desperté nuevamente a las siete y media, a pesar de estar agotada hasta los huesos. No puedo culpar a nadie más que a mí misma... o, mejor dicho, a cada célula de mi cuerpo y a los pequeños relojes biológicos que viven dentro de ellas. Estos genes reloj son los que regulan el ritmo de nuestras funciones corporales, incluida la hora a la que nos despertamos.

En la película de Pixar *Del revés*, viajamos por la mente de una niña llamada Riley, donde sus emociones (Alegría, Tristeza, Miedo, Ira y Asco) la guían en su día a día desde un centro de control en su cerebro. Cada emoción tiene su propia misión: Alegría quiere que sus días estén llenos de felicidad, mientras que Miedo se dedica a mantenerla a salvo, siempre alerta ante el peligro.

Ahora imagina que los genes reloj funcionan como un equipo similar: un conjunto de relojes biológicos repartidos por todo el cuerpo, cada uno con sus propias tareas a resolver y empeñado en cumplir su horario. Ajustan sus rutinas según las señales que reciben de tu parte (como la hora a la que comes o la cantidad de luz solar que recibes), pero también responden a mensajes que les llegan desde otros órganos. Cuando esas señales se descoordinan, todo el sistema se desajusta. Todos hemos sentido ese caos interno después de cruzar varios husos horarios. Mientras intentamos adaptarnos al horario local, nuestros relojes internos luchan por sincronizarse, provocando síntomas como insomnio, niebla mental o incluso problemas intestinales. Y lo mismo puede pasar si trasnochas mucho el fin de semana. *No mires para otro lado, que te estoy viendo.*

«¿Qué daño puede hacer un kebab a las once de la noche con los colegas?», podrías pensar, mientras tus relojes internos gruñen y se quejan intentando volver al orden. Puedes cuidar de estos quisquillosos relojes (y mejorar tus probabilidades de dormir bien) manteniendo cierta regularidad: despertarte, comer y acostarte más o menos a la misma hora todos los días ayuda a ajustar tus relojes internos y mantenerlos sincronizados.

Eso no significa que no puedas pegarte un viaje de ida y vuelta de diecinueve horas para ver el lanzamiento de un cohete, o que no puedas aceptar salir a almorzar más tarde de lo normal con un atractivo instructor de *fitness* que, de repente, tiene la tarde libre. *¿Acaso esta es una página de mi diario íntimo? Jamás lo sabremos...* Buscar cierta regularidad no implica renunciar para siempre a la aventura, solo significa que eliges con intención cuándo te sales de la rutina. ¿Te vas a acostar tarde este viernes para disfrutar de verdad, o simplemente para matar el tiempo? ¿Una cena con viejos amigos o un revolcón inesperado con tu pareja? Eso sí merece la pena. ¿Unas cuantas horas más viendo vídeos conspiranoicos cada vez más absurdos en YouTube? Probablemente no.

Si las fechas de entrega te están robando las horas de comer, ¿podrías al menos intentar meterte *algo* en el cuerpo más o menos a la misma hora cada día, aunque sea delante del ordenador? ¿Y si empiezas la hora del cóctel del sábado un poco antes? Así te da tiempo a cogerte ese punto alegre, despejarte después y, aun así, irte a dormir a una hora razonable. ¿Qué pequeños ajustes podrías hacer para que tus horarios de sueño, comidas y vigilia sean un poco más constantes? No se trata de hacerlo perfecto, sino de avanzar poco a poco.

Para quienes trabajan por turnos, lo mejor es pensar la rutina en función de los intervalos entre tareas: ¿cuánto tiempo pasa desde que te despiertas hasta que comes? ¿Y desde la última comida hasta que te acuestas? Retoma tu plan de sueño e incorpora también estos detalles.

Además de la rutina, tus relojes biológicos dependen de un centro de control principal: una estructura cerebral especializada con forma de reloj llamada «núcleo supraquiasmático» (NSQ). O, como a mí me gusta llamarlo, el «núcleo supercalifragilisticoespialidoso».

El NSQ es el protagonista del ciclo de sueño y vigilia: coordina la liberación de diversas sustancias que te mantienen alerta durante el día y somnoliento por la noche. Es nuestro marcapasos natural, el que da la señal al resto de relojes del cuerpo.[37] Este ciclo diario es lo que se conoce como «ritmo circadiano», ese mismo ritmo al que ya empezaba a ajustarse tu cerebro prenatal durante tus primeras fases de conciencia somnolienta.

La luz y la oscuridad son los reyes indiscutibles de la regulación del ritmo circadiano. La luz activa unas células ganglionares especiales de la retina (unas neuronas situadas en la superficie interna del ojo) y las pone en marcha. Como estas células están conectadas directamente con el NSQ, este también se activa, emocionado, y lanza la señal al resto de relojes del cuerpo: «¡Arriba, que empieza el día!». En respuesta, el cuerpo sube la presión arterial, el ritmo cardíaco y la temperatura. También empieza a liberar sustancias que nos mantienen despiertos y alerta, como el cortisol, la serotonina o la orexina. Durante el día, la glándula pineal permanece tranquila, sin intervenir demasiado. Pero unas horas antes de que nos vayamos a la cama, cuando baja la intensidad de la luz exterior y nuestros ojos reciben menos estímulos, el NSQ da la orden: es hora de que la glándula pineal se levante del sillón y empiece a inundar el cerebro con melatonina. Exponerse a luz intensa por la tarde-noche puede retrasar ese proceso, y con él, la hora de dormir.[38] Y, si no recibimos suficiente luz natural durante el día, es posible que a la glándula pineal le cueste más producir melatonina por la noche, ya que su síntesis depende de recursos generados a lo largo del día.[39, 40, 41]

Prepararse para dormir bien es como estudiar para un examen: si lo dejas todo para el último minuto, es muy probable que te arrepientas. Empieza el día con una buena dosis de luz natural, o aprovéchala siempre que puedas. Incluso el cielo más gris emite más luz que cualquiera de esas sofisticadas bombillas que imitan la luz natural. Dar un paseo al mediodía o tomar un café en una terraza pueden dar al NSQ la dosis de luz que necesita. Si estás en casa o en la oficina, busca un rincón soleado y quédate allí un rato. Ubica tu escritorio o tu sillón favorito cerca de una ventana para aprovechar la luz del día mientras trabajas. Y ojo, no desestimemos *tan rápido* esas sofisticadas bombillas que mencioné antes, ya que pueden ser muy útiles para compensar la falta de luz natural en los rincones más oscuros.

Cuando se empiece a hacer de noche, baja la intensidad de la iluminación al mínimo necesario para no tropezar con la mesa del salón e intenta dejar de mirar pantallas, al menos, dos horas antes de acostarte. Yo suelo dedicar ese rato a leer a la luz de una vela, acariciar a Gnocchi mientras le cepillo el pelo o escuchar algún pódcast relajante (uno que no sea la puerta de entrada a una crisis existencial). También es un buen momento para ponerte al día con tu pareja o tu compañero de piso, ya sea con una taza de té caliente o con «té» del otro (sí, el cotilleo también cuenta). Este consejo también sirve para quienes trabajan por turnos, aunque en su caso la rutina debe adaptarse: lo ideal sería exponer el cuerpo a unas doce horas de luz durante el turno activo y a doce horas de oscuridad en el periodo de descanso, prestando especial atención a las horas previas al sueño.

Aprovechar el poder de la luz y la oscuridad debería mejorar la calidad de tu sueño, pero, aunque no sea así, el intento no habrá sido en vano. En un estudio con más de 85.000 participantes, los investigadores descubrieron que la exposición a la luz guarda relación con la salud mental.[42] Pongámoslo así: imagina que quieres saber si el café hace que la gente sea más activa. Según tus observaciones, las personas que beben café caminan más a lo largo del día. Pero, claro, el café también hace que uno vaya más al baño, así que esos pasos extra quizá se deban a las visitas al aseo. Si no tienes en cuenta ambas cosas (consumo de café y frecuencia de las idas al baño), no puedes saber si los pasos extra se deben al subidón de cafeína o a las carreras al aseo. Cuando se hacen estudios correlacionales como este, los científicos debemos tener en cuenta lo que se llaman «variables de confusión» (como las visitas al baño, en este caso); por eso las medimos y restamos su efecto. Eso es exactamente lo que hicieron los investigadores en este estudio, solo que, en lugar de café y baños, midieron la exposición a la luz a lo largo del día y ajustaron los resultados restando los efectos de la duración del sueño. Porque sí, la exposición a la luz puede afectar al sueño, y el sueño, a su vez, influye en la salud mental. Teniendo todo esto en cuenta, vieron que, con independencia de cuánto durmiera cada persona, una mayor exposición a la luz por la noche se asociaba con un mayor riesgo de depresión y ansiedad. En cambio, una mayor exposición a la luz durante el día se relacionaba con un riesgo menor. [43]

A veces pasamos por alto lo importantes que son la luz y la oscuridad, pero en realidad son necesidades básicas, igual de esenciales que poder alimentarnos o tener un techo. ¿Eso significa que tienes que levantarte al amanecer para aprovechar hasta el último rayo de sol?

A levantarse y a darlo todo

Impulsada por un ejército de empresarios, ejecutivos e *influencers*, la cultura de madrugar se vende hoy como la fórmula infalible para alcanzar el éxito. Las redes sociales están repletas de historias sobre lo productivo que puede ser despertarse antes del amanecer, con frases del tipo: «Pregúntale a cualquier millonario o multimillonario a qué hora se despierta. Apostaría a que el 90 % dice entre las 5:00 y las 6:00. Así de importante es madrugar». [44]

Si escribes «despertarse a las 5:00» en el buscador de cualquier red social, caerás en una espiral de frases motivacionales, *selfies* al amanecer y testimonios sobre los hábitos que hay que implementar para cambiar tu vida antes incluso de desayunar. Pero detrás de esa reluciente fachada de productividad matutina se esconde una verdad menos glamurosa: esta obsesión por levantarse temprano y ser productivos antes de que salga el sol no hace más que reforzar una mentalidad que valora más estar ocupado que cuidar nuestra salud. Nos lo creemos porque adelantar un par de horas el despertador parece una estrategia sencilla y concreta en un mundo donde los problemas cada vez son más complejos. Y esa ilusión de simplicidad lo hace aún más tentador.

El problema es que madrugar suele implicar dormir menos, y normalmente lo que se sacrifica son las fases finales del sueño, las más ricas en sueño REM. A medida que avanza la noche, las fases REM se alargan y alcanzan su punto máximo en las primeras horas del día. Así que, si te levantas cuando canta el gallo pero sin haber dormido tus siete a nueve horas, es probable que te estés perdiendo una buena dosis de sueño REM. Y eso importa, porque, sin suficiente REM, nuestras emociones y nuestro estado de ánimo pueden descontrolarse.[45, 46] La amígdala necesita ese tiempo para acurrucarse con el hipocampo, no lo olvides. Basta con una mala noche de sueño para que la actividad de la amígdala se dispare un 60 %.[47] La persona que eres cuando has descansado bien (creativa, reflexiva, amable) empieza a desdibujarse si no duermes lo necesario. En su lugar, aparece alguien que te resulta ajeno: irritable, impulsivo. Así que, a menos que consigas despertarte a las cinco de la mañana e irte a dormir a una hora razonable, no estarás levantándote para darlo todo, sino para desgastarte poco a poco.

Con tanto hablar de REM quizá te entren ganas de medirlo con un reloj o aplicación para monitorear el sueño, pero no te fíes demasiado de lo que prometen. Al principio, iba a sugerirte que pensaras en estos dispositivos como una báscula mal calibrada: imagina que un día marca que pesas 360 kilos y, unas semanas después, te dice que pesas 400. Si así fuera, no podríamos saber tu peso real ni compararlo con el de otras personas, pero sí podríamos concluir que has engordado. Con estos dispositivos ocurre algo similar: no miden directamente el sueño, sino que se basan en indicadores secundarios, como el movimiento o la frecuencia cardíaca. Por eso no conviene obsesionarse con las cifras concretas. Observar si hay cambios generales puede, en algunos casos, ayudar a identificar hábitos que influyen en la calidad del sueño. Eso es lo que tenía pensado decir. Pero después de revisar un poco la literatura científica, empecé a preguntarme si realmente pueden ofrecer eso.

Los dispositivos que monitorean el sueño suelen sobreestimar cuánto dormimos y, sospecho, no por casualidad. Este pequeño (y conveniente) margen de error permite a muchas empresas hacer afirmaciones contundentes del tipo: «¡Nuestro dispositivo detecta el sueño con un 92 % de precisión!». Lo que no suelen mencionar es lo mal que detecta las veces que te despiertas durante la noche. Es como si apostaras siempre al rojo en la ruleta y luego presumieras de que acertaste el 100 % de las veces que salió rojo. Vale, sí, pero... ¿qué pasa con todas las veces que salió negro?

En todos los estudios que revisé, la precisión de estos dispositivos para identificar cuándo se producían los despertares era bastante baja. [48, 49, 50, 51, 52] Los que mejor puntuaban (digamos, en torno a un 60 % de precisión) solían tener resultados igual de mediocres en la detección del sueño. Curiosamente, esos son los que más confianza me generan, porque al menos reflejan de forma más honesta lo difícil que es medir el sueño con métodos indirectos. No puedo afirmar con total certeza que estén calibrados a propósito para que parezca que duermes más de lo que en realidad duermes…, pero motivos no faltan: mantener al cliente contento o simplemente jugar con las estadísticas. En cualquier caso, si tu reloj inteligente no puede detectar cuándo te despiertas, no sirve de mucho.

Hubo *uno* que, milagrosamente, resultó ser muy preciso a la hora de detectar los momentos de sueño y de vigilia, y recibió elogios unánimes. ¿Y adivinas qué? Resulta que los autores del estudio estaban vinculados a la empresa fabricante.[53] ¡Qué casualidad!, ¿verdad? Vaya golpe de suerte si tenemos en cuenta que ahora, gracias a eso, la compañía presume de haber creado la «IA de análisis del sueño n.º 1 del mundo».[54]

Si de verdad te preocupa tener suficiente sueño REM, olvídate de los dispositivos. Apunta simplemente a dormir entre siete y nueve horas, como se ha hecho toda la vida. Y, si consigues hacerlo con una alarma a las cinco de la mañana, adelante. Como ya hemos visto, nuestro reloj interno puede adaptarse a nuevos horarios de sueño. Una rutina estable y agradable, con una buena exposición a la luz durante el día y oscuridad por la noche, puede marcar una gran diferencia. Pero no siempre basta con eso.

Piensa en cada gen de tu cuerpo como si fuera una receta de cocina: un cambio mínimo en los ingredientes y el plato puede ser completamente distinto. Lo mismo ocurre con los genes: pequeñas variaciones pueden alterar cómo funciona nuestro cuerpo. En lo que respecta a los patrones de sueño, estas recetas genéticas influyen en si somos más diurnos o nocturnos, lo que se conoce como «cronotipos».[55, 56, 57] Los relojes del cuerpo *son* genes, ¡no lo olvides! Genes reloj que tienen su propio horario. Un ejemplo es el gen PER2: algunas variantes hacen que el cerebro no reciba la melatonina hasta bien entrada la noche.[58, 59, 60] Y este es solo un caso entre muchos.

Si te da curiosidad saber cuál es tu cronotipo, observa cómo son tus patrones de sueño actuales. ¿En qué momento te sientes más despejado: por la mañana, por la tarde o por la noche? Cuando no tienes despertador ni obligaciones laborales, ¿a qué hora te despiertas y te acuestas? Si te gustan los test, puedes buscar el Cuestionario de Cronotipo de Múnich (MCTQ, o MCTQShift para quienes trabajan en turnos).[61, 62] Estos cuestionarios pueden orientarte, pero no son infalibles. Al fin y al cabo, todos estamos condicionados por nuestros horarios laborales, los compromisos sociales, la cafeína y muchos otros factores externos que pueden disfrazar nuestras preferencias reales. Por eso, al menos en parte, entender la ciencia de los cronotipos no siempre es tan sencillo.

Algunos estudios han relacionado ser noctámbulo con una peor salud mental, pero, como pasa con el ejemplo del café y las visitas al baño, no siempre es fácil distinguir si se trata de un efecto real o de variables de confusión.[63, 64] ¿Esta relación refleja un rasgo innato o, simplemente, el hecho de vivir en un mundo hecho para madrugadores? Hoy en día, sigue siendo tema de debate. Las personas nocturnas pueden intentar cambiar su horario, pero eso también conlleva riesgos. Algunos estudios sugieren que adaptarse a un ritmo más matutino puede mejorar el bienestar mental, pero otros apuntan justo en la dirección contraria.[65, 66, 67, 68] Puede que algunos resultados se expliquen porque, en realidad, lo que se hizo fue rescatar alondras encubiertas que llevaban una rutina que no les encajaba. Pero, a menos que vayamos puerta por puerta y les hagamos pruebas genéticas, lo único que podemos hacer es especular.

Si por voluntad propia (o por obligación) quieres cambiar tu horario de sueño, lo mejor es empezar poco a poco. Cambiarlo entre 15 y 30 minutos le da a tu reloj interno tiempo para adaptarse sin provocar un caos en el cuerpo.[69, 70] ¿Cuánto tiempo hay que mantener cada cambio antes de avanzar al siguiente? Depende de cada uno. Algunos se recuperan de las alteraciones del ritmo circadiano en pocos días, mientras que otros pueden tardar meses. Observa cómo te sientes y, cuando notes que ya no te levantas tan aturdido, puedes plantearte dar el siguiente paso. La luz y la oscuridad también son herramientas útiles: usa los principios que ya comentamos, como reducir progresivamente la luz unas cuatro a seis horas antes de la hora en la que quieres irte a dormir.

Hoy sabemos que dormir es mucho más que una pausa entre un día y otro. Si tomas un pequeño trozo de cerebro vivo y lo mantienes en líquido cefalorraquídeo artificial (una versión de laboratorio del agua en la que flota tu cerebro), ocurre algo muy interesante. Si ese trozo es de la corteza (la parte exterior del cerebro y donde ocurre el pensamiento consciente), empieza a emitir una actividad lenta y rítmica, como la que vemos en las fases más profundas del sueño.[71] Cuando está aislado de todo estímulo, el cerebro vuelve por sí solo a su estado natural: dormir.

La máquina del tiempo nos ha revelado que el sueño también es nuestro estado más básico. Ese lugar al que volvemos cada noche para desconectar del exterior y volver a lo que somos de verdad. Podemos cuidar nuestro sueño, ofrecerle al cerebro el ambiente que necesita para hacer su trabajo. Podemos sincronizar nuestras rutinas con nuestros relojes biológicos, aprovechar la luz del día y dejarnos abrazar por la oscuridad de la noche. Podemos elegir qué pensamientos nos llevamos con nosotros a la cama, guiando con dulzura nuestro diálogo interior hacia la calma, la amabilidad y el crecimiento. Y esta noche, cuando apoyes la cabeza en la almohada, recuerda que no solo estás terminando el día: estás volviendo a ti mismo, al hábitat natural de tu cerebro, listo para despertar mañana más sereno y renovado.

Resumen del capítulo

Establece un horario regular de sueño. Fija una hora para acostarte y despertarte todos los días, incluso los fines de semana. Intenta dormir entre siete y nueve horas cada noche. **Usa la cama solo para dormir (y para una sola cosa más).** Reserva la cama exclusivamente para dormir (y para la intimidad). Evita actividades como ver la tele o usar el móvil tumbado, para que tu cerebro relacione ese espacio únicamente con el descanso y la relajación.

Duerme en un entorno fresco y sin ruidos. Lo ideal es que el dormitorio se mantenga entre 17 y 19 °C para que tu cuerpo regule bien la temperatura mientras duermes. El silencio es oro: recurre al ruido blanco solamente si es mejor que escuchar ruidos molestos de fondo (como los vecinos de arriba, que parece que no duermen nunca). Puedes añadir mantas si lo necesitas, pero procura que la temperatura del ambiente sea propicia para el sueño profundo.

Prepara tu mente antes de dormir. Intenta dirigir la atención hacia pensamientos positivos y compasivos antes de acostarte, por ejemplo, recordando algo bueno que te haya ocurrido durante el día.

Elige con intención qué noches dormirás más tarde. Si vas a trasnochar, pregúntate si realmente merece la pena. Mejor experiencias valiosas que pasarte horas haciendo *doomscroll*.

Aprovecha la luz para ajustar tu reloj interno. Busca la luz natural por la mañana y reduce la iluminación artificial por la noche. Así ayudas a que tu reloj biológico regule correctamente el ciclo de sueño y vigilia.

Pequeñas dosis de luz a lo largo del día. Sal a caminar aunque sea un rato o colócate cerca de una ventana para aprovechar al máximo la exposición a la luz natural, en especial en días nublados o cuando pases mucho tiempo en interiores.

No te fíes demasiado de los dispositivos para monitorear el sueño. Tienen sus limitaciones. Mejor observa lo descansado que te sientes al despertar al día siguiente.

Ajusta tus horarios poco a poco. Si quieres cambiar tu rutina de sueño, hazlo en tramos de 15 a 30 minutos durante varios días. Los cambios graduales permiten que el reloj biológico se adapte sin alterar el descanso.

5

Arte y alma: el latido de la creatividad humana

Imagina que eres un robot. Pero no un robot cualquiera, sino un modelo humanoide tan sofisticado que podría colarse en cualquier fiesta sin levantar sospechas. Tienes aspecto humano, hablas como un humano e, incluso, te *afliges* como uno, todo gracias a la última actualización de *software*: Angustia Existencial 2.0. Cuesta creer que, bajo tu piel sintética, no haya músculos ni huesos, sino una compleja red de motores y anclajes. Has sido diseñado para crear arte, y tus dedos mecánicos se mueven con una precisión milimétrica; primero reproduces las grandes obras maestras de la historia y luego, poco a poco, empiezas a generar las tuyas propias. A tu alrededor, los humanos interactúan con esas obras. Los observas, analizas sus risas, sus lágrimas y los momentos en los que el silencio habla por sí solo, y luego reproduces esas respuestas con precisión. Sin embargo, a través de tus sensores ópticos (ocultos bajo párpados de silicona), el mundo se ve de otra forma.

El atardecer se registra como una transición gradual de luminancia y valores cromáticos en el horizonte, pero no puedes sentir su calidez ni su efecto evocador. Tu programación convierte las sinfonías en frecuencias, tiempos y compases, pero no consigues conmoverte con su delicadeza. Puedes identificar cada pieza de un mueble de IKEA sin dificultad, pero armarlo no te genera ni una pizca de frustración. Y todo se debe a que, aunque parezcas un humano y hables como un humano, no lo eres. Eres un robot. Y, si bien has sido creado para imitar la experiencia humana, no puedes experimentarla de verdad. Puedes crear porque ese es tu propósito, porque así se te ha programado. Los humanos, en cambio, creamos no por imposición ni por diseño, sino por instinto. Nos impulsa una profunda necesidad de expresarnos y de comprender la complejidad de nuestro mundo interior. A diferencia de ti, no disponemos de acceso ilimitado a datos; nuestras creaciones surgen dentro de los límites de nuestra mente. Pero es precisamente esta limitación la que confiere valor a lo que hacemos: cada creación es el reflejo de una experiencia única, imposible de repetir. Están marcadas por la cultura que nos formó, los lugares en los que vivimos y los momentos que nos moldearon. La creatividad humana no consiste solo en producir cosas; es el lenguaje que usamos para traducir nuestras vivencias en algo tangible.

Impulsos ancestrales, arte moderno

La necesidad de expresarnos está profundamente arraigada en nuestra historia evolutiva. Desde los inicios de nuestra especie, los primeros seres humanos empleaban gruñidos, gestos y marcas en la tierra no solo para comunicarse, sino también para reforzar los vínculos dentro de su grupo social.[1] A medida que las sociedades humanas evolucionaban, también lo hacían nuestras formas de expresión. Estas se desarrollaron de la mano, con la creciente complejidad de nuestro cerebro, ya que cada avance en capacidad cognitiva amplió la gama de experiencias que necesitábamos expresar: nuestra capacidad de introspección, de recordar con detalle largos momentos pasados y de transitar emociones complejas. Comunicar toda la riqueza de ese mundo interior se volvió esencial para nuestra existencia y dio lugar a múltiples formas de creatividad con fines tanto prácticos como existenciales. Incluso tenemos entre nosotros a personas que tienen un talento especial para alcanzar las profundidades del arte y que nos ofrecen un lenguaje colectivo para expresarnos. ¿Cuántas veces hemos compartido una canción o un poema porque ponía palabras a algo que nosotros no sabíamos cómo decir? ¿O nos hemos emocionado inesperadamente con una película o una coreografía, preguntándonos qué fibra sensible acababa de tocar? El escritor y artista escénico Alok Vaid-Menon lo resume así: «La tarea de quien escribe es ponerle lenguaje a lo intangible».[2] Esta idea se aplica a todas las formas de arte. Los artistas dan forma a experiencias que no se pueden expresar directamente, y las transforman en algo que otros pueden compartir, comprender y sentir. A través de sus obras, encontramos una forma de expresarnos que trasciende nuestras propias capacidades y nos permite ir más allá de lo que seríamos capaces de crear por cuenta propia.

Pero la creatividad no es patrimonio exclusivo de los artistas. Es algo que nos pertenece a todos. Sin embargo, a pesar de esa necesidad innata de crear, muchas personas lo hacen muy poco, o directamente no lo hacen.[3, 4, 5] ¿Por qué nos alejamos de algo tan esencial para lo que significa ser humano? De inmediato se nos vienen a la cabeza los mismos culpables de siempre: el trabajo, la familia, el ajetreo de la vida moderna. Pero, aunque esas razones son reales, no llegan a la raíz del problema: vivimos en una sociedad que, en el fondo, no valora el arte ni la creatividad. Esta mentalidad se nos inculca temprano en la vida, en un sistema educativo que da prioridad a la memorización por encima del pensamiento creativo. Más adelante, ya en el mundo laboral, aprendemos que crear solo vale si es rentable. Como respuesta, interiorizamos la idea de que la creatividad es un lujo, algo que uno se puede permitir solo cuando ya ha hecho el trabajo importante, si es que llega ese momento. Y luego viene el miedo a fracasar. En una cultura tan obsesionada con la perfección, ¿quién quiere enfrentarse al proceso desordenado y vulnerable de crear algo? Parece más seguro evitar el riesgo de hacer el ridículo. Más aún cuando se nos dice que la creatividad no es una vía de desahogo, ni siquiera una habilidad que se pueda entrenar, sino un talento reservado a unos pocos elegidos. Así, muchos nos apartamos antes siquiera de intentarlo, convencidos de que no estamos a la altura.

La creatividad no exige perfección ni debe estar supeditada a la lógica productiva del capitalismo. Su valor está en el acto de crear en sí mismo. En un estudio que se llevó a cabo con más de 23.000 personas, quienes se relacionaban con el arte y la creatividad de forma regular mostraban menos niveles de malestar, mejores relaciones y una mayor estabilidad emocional.[6] Se ha visto que la expresión creativa ayuda a aliviar la ansiedad y la depresión,[7] a regular las emociones[8] e incluso a deshacer los nudos del trauma.[9] No es algo que tengamos que ganarnos ni demostrar que merecemos: ya está dentro de nosotros, esperando a que le hagamos espacio. Y, aunque muchos hayamos dejado que se adormezca, nunca es tarde para recuperar esta parte esencial de la cognición y el comportamiento humanos.

Un robot, un humano y un ratón entran en un bar

Ya te has imaginado siendo un robot. Ahora imagina que eres un ser humano de carne y hueso. «Fácil», pensarás. «¡Si es que ya lo soy!», asientes. Pero espera, porque ahora voy a pedirte un poco más de imaginación. Esta vez eres una persona que tiene un ratón como mascota… Un ratón que va atado con una correa. Y te lo has llevado a pasear por la ciudad. ¿Me sigues? Convencer a tu ratón con correa de que se detenga en un semáforo sería todo un reto. Vale, si tienes el tiempo y los incentivos adecuados (como pepitas de chocolate), quizá llegues a enseñarle que esas cajas grandes con luces intermitentes tienen algún significado. Pero por ahora, para él, un semáforo no quiere decir absolutamente nada. A los humanos nos gustan los premios dulces como a cualquier otro mamífero, pero tenemos algún que otro as bajo la manga, cortesía de la evolución, que nos ayuda a desenvolvernos en el mundo incluso sin necesidad de incentivos. No solo vemos el semáforo, sino que lo interpretamos como un símbolo, un concepto abstracto que se traduce en una acción: parar, esperar, estar a salvo. Esa capacidad para el pensamiento abstracto se la debemos a la sofisticada corteza prefrontal humana. [10] Tu ratón también tiene su propia CPF, aunque sea una versión mucho más básica. [11] Piensa en ella como una especie de CPF 1.0, con funciones sencillas que le permiten fijarse en los obstáculos del camino y tomar decisiones sobre cómo rodearlos. Si durante el paseo os cruzáis con otro ratón con correa, tu mascota podría usar su CPF para plantearse si merece la pena acercarse como posible pareja… o si es mejor marcar territorio con un mordisco de advertencia. Nosotros también conservamos estas funciones básicas de supervivencia, pero la evolución tenía planes más ambiciosos para nuestra especie. La CPF humana alberga una gran diversidad de células cerebrales, una red de conexiones especialmente rica (tanto entre sus propias regiones como con otras partes del cerebro), y un rasgo evolutivo clave: la capa granular. [12] Si cortaras una porción de tu CPF desde la parte superior de la cabeza hacia abajo, verías algo parecido a una tarta de cumpleaños de varias capas, donde cada una tiene su propia función. *Y su propio sabor.* En el centro está ese ingrediente estrella: la capa granular. Vendría a ser como una sala de edición de una productora de cine. Recibe el metraje en bruto (como la avalancha de datos sin filtrar que llega desde tus sentidos) y lo transforma en algo coherente. Una vez que finaliza ese proceso, se lo envía a otras áreas de la CPF, que lo utilizarán para tomar decisiones y razonar.

Tu amigo el ratón no tiene una capa tan avanzada y, sinceramente, tampoco la necesita. Su CPF maneja mucha menos información. Su corteza visual, por ejemplo, puede enviarle datos sobre una ratoncita especialmente atractiva. Y otra región del cerebro le avisa de que, además, huele de maravilla. A partir de ahí, su CPF lo tiene fácil. *¡A por ella, campeón!* Cuando los seres humanos conocemos a alguien que nos gusta, la cosa es bastante más complicada. Nuestra CPF recibe una avalancha de señales gracias a su extensa red de conexiones dentro del cerebro. Y eso es útil porque, en nuestro caso, el coqueteo se basa en señales mucho más sutiles que, pongamos, levantar la cola para enseñar el trasero. *Al menos, la mayoría de las veces.* Con tanta información llegando a la vez, la CPF necesita un sistema eficaz para filtrar todo ese caudal rápidamente, o acabaríamos paralizados sin saber qué hacer. Aquí entra en juego la capa granular y su densa red de conexiones, cuya función es seleccionar lo relevante y transmitirlo al resto de la CPF, que usa esa información cuidadosamente seleccionada para elegir la mejor estrategia a seguir. Es un mecanismo sofisticado que nos ayuda a desenvolvernos con algo más de gracia en nuestras relaciones sociales que un ratón en celo. Pero esta capa granular también tiene un rol esencial en el pensamiento simbólico, uno de los mayores avances de la evolución humana.

Mucho antes de tener palabras, los humanos ya teníamos símbolos.[13] Todo empezó con huellas de manos estampadas en las paredes de las cuevas y piedras cuidadosamente dispuestas en enterramientos. Eran intentos primitivos de *comunicar algo.* En esos gestos vemos los primeros indicios del pensamiento simbólico: la capacidad emergente de reflexionar sobre objetos o ideas que no están físicamente presentes. Fue un salto cognitivo monumental. De repente, podíamos imaginar el mañana, recordar el ayer y, lo más importante, compartir esas ideas con otras mentes. Esa conexión y colaboración probablemente impulsaron el desarrollo de estas mismas habilidades. Y, al parecer, los robots pueden seguir un camino evolutivo similar si se les coloca en un entorno simulado con una única instrucción: reproducirse. Con el paso de las generaciones, pasan de emitir sonidos al azar a desarrollar señales con un significado real, todo en nombre del amor (o, al menos, del éxito reproductivo).[14] Su lenguaje, al igual que el nuestro, va ganando complejidad a medida que intentan establecer una conexión. Parece que da igual de qué estemos hechos (bigotes, capas granulares o ceros y unos), siempre encontraremos una forma de coquetear sin pudor alguno.

Es curioso pensar que todo esto (crear símbolos, coquetear) fue lo que acabó dándonos las palabras.[15, 16] Gloriosas, maravillosas palabras. Y sí, las palabras son extraordinarias, pero solemos atribuirles más importancia de la que realmente tienen a la hora de entender el mundo. El pensamiento simbólico, en cambio, rara vez recibe el reconocimiento que merece. No solo preparó el terreno para el lenguaje, sino que dio forma a toda nuestra arquitectura mental. Está tan integrado en lo que hacemos que ni lo notamos. Antes, cuando te acercabas al semáforo con el ratón con la correa, tu mente no se puso a narrar: «Luz verde significa avanzar». Simplemente viste la luz, reconociste lo que simbolizaba y actuaste en consecuencia. Ese procesamiento automático, silencioso, ocurre todo el tiempo. Y, aun así, muchas veces pensamos que para entender lo que sentimos tenemos que ponerlo en palabras. El lenguaje es, sin duda, una herramienta poderosa que nos ayuda a expresarnos y procesar emociones. Pero a veces no alcanza. Hay momentos en los que no importa cuánto lo intentemos: no podemos describir lo que sentimos con palabras. Y, cuando el lenguaje se nos escapa, nos queda el pensamiento simbólico. Ahí es donde la creatividad se abre espacio.[17, 18]

Si bien se reconoce el valor terapéutico de la expresión creativa, aún no está del todo claro *cómo* ni *por qué* funciona. Algunos dirán que su valor está en la distracción: centrar la mente en algo externo. Para poner a prueba esta idea, se llevó a cabo un experimento con personas que no estaban pasando por un buen momento emocional. Los participantes podían elegir entre tres actividades: hacer dibujo creativo, copiar formas o resolver rompecabezas.[19] Si bien copiar formas resultó ser una tarea más o menos reconfortante, quienes más alivio sintieron fueron los que optaron por dibujar. En cuanto a los que eligieron los rompecabezas..., esperemos que no se obsesionaran demasiado con sus planes para esa noche. ¿Y qué nos dice esto? Para empezar, cuestiona la idea de que el arte solo funciona como una distracción. Si así fuera, los rompecabezas habrían tenido el mismo efecto. Todo apunta a que el arte y la creación nos ayudan a sentirnos mejor porque permiten al cerebro procesar las experiencias de forma simbólica. Aunque no siempre tengamos claro lo que sentimos, de algún modo esas emociones terminan reflejándose en lo que plasmamos sobre el papel. Mientras tanto, el cerebro trata de procesarlas y darles sentido, incluso cuando todavía no estamos preparados para ponerles palabras.

A veces, esa conexión se empieza a ver mejor con el tiempo. Cuando murió mi madre, empecé a pintar una serie de postales con manchas de acuarela. Al principio, lo sentí como una distracción, una tarea sencilla en la que podía enfocarme cuando todo lo demás se volvía demasiado abrumador. Ahora, cuando miro esas pequeñas postales (feas con ganas), me doy cuenta de que, en realidad, estaba tratando de expresar como podía esas capas complejas e indescriptibles que conformaban mi duelo. Y creo que, de alguna forma, esa actividad me ayudó. Un día, mientras pintaba, envié una foto de una de las postales a mi padre: una página caótica, repleta de formas inconexas, superpuestas con garabatos furiosos que rezaban: «El duelo, de un momento a otro». Su respuesta llegó enseguida: «Sí, eso es exactamente lo que se siente al pasar por un duelo». Esto revela algo esencial sobre la creatividad en momentos de crisis. Las tareas creativas tienen una doble función: por un lado, son actividades relajantes que nos anclan al cuerpo, al hecho de hacer algo manejable incluso en nuestros peores días; por otro, nos conectan con la dimensión simbólica de nuestra mente.[20, 21] No hace falta que entiendas lo que estás sintiendo, ni importa qué forma tome tu expresión: pintura, música, poesía, movimiento..., lo que sea. Lo importante es que salga de ti.

Hace poco más de un siglo, el artista francoestadounidense Marcel Duchamp nos enseñó que cualquier cosa puede ser arte. Para demostrarlo, expuso artículos cotidianos en galerías, transformándolos en obras de arte. Tal vez su obra más famosa, *Fountain*, no era otra cosa que un urinario de porcelana que compró en una tienda de fontanería y envió a una exposición tal cual, solo con una firma pintada encima. ¿Acaso esto es un intento de convencerte de que mis postales de acuarela deberían estar colgadas en una prestigiosa galería de arte? En absoluto. Como dijo el artista contemporáneo Grayson Perry en sus conferencias de la BBC: «Aunque vivimos en una época en la que cualquier cosa puede ser arte, no todo lo *es*».[22] Ni tiene por qué serlo. Un urinario puede seguir siendo un urinario, una postal de acuarela puede quedarse en eso y tu creación, sea lo que sea, también puede simplemente existir, como una forma de procesar simbólicamente lo que vives. Tienes toda la libertad para crear algo que no tenga una utilidad concreta o que, por su sencillez, parezca algo infantil. Una pintura puede ser objetivamente mala y aun así comunicar una parte de tu mundo interior que deseas comprender y expresar. De hecho, muchas veces, cuanto más cruda e imperfecta es una obra, más se acerca a la verdad de lo que sentimos. Eso no quiere decir que *jamás* puedas crear una obra maestra; al fin y al cabo, todo es posible. Pero quizá no debería ser ese el objetivo, o al menos no siempre. Crear por el simple hecho de crear, sin la presión de alcanzar la excelencia, le permite a tu cerebro explorarse a fondo.

Lo que le pasó a mi madre fue brutal y no tuvo sentido, y mi cerebro, como el de la mayoría de las personas, buscaba desesperadamente una narrativa coherente para poder entenderlo. Pero el duelo rara vez ofrece explicaciones claras, y forzarlas puede resultar agotador. Pintar manchas de colores con acuarelas me dio (a mí y a mi cerebro) un espacio seguro donde explorar esa confusión sin la presión de tener que encontrar respuestas. Muchas veces buscamos expresar el dolor con palabras de forma casi automática, y cuando no lo conseguimos, el malestar se intensifica. El cerebro busca estructura y sentido, así que, cuando no conseguimos poner en palabras lo que vivimos, insiste una y otra vez en encontrar una explicación. [23, 24, 25, 26, 27] Si alguna vez te sentiste atrapado en ese ciclo interminable del «cómo» y el «por qué» tras un acontecimiento doloroso, sabes lo desesperante que puede ser intentar resolver algo que, simplemente, no tiene solución. Es fácil caer en la rumiación. [28, 29, 30] Una vez más, el lenguaje es una herramienta clave para procesar emociones, y funciona especialmente bien en la amistad, en la escritura o en la terapia. Pero, a veces, buscar respuestas solo agranda la distancia entre lo que sentimos y lo que somos capaces de expresar. En ocasiones, lo mejor que puedes hacer es evitar analizarlo todo sin parar y dejar que tu cerebro procese las emociones por otro canal, aunque solo sea durante media hora. [31, 32] No hace falta que te centres de forma consciente en tu dolor mientras creas. Tal vez escribas un cuento que no tenga nada que ver con tu experiencia, o quizá pintes algo alegre y colorido. No se trata de reflejar tu estado emocional, sino de ofrecerle al cerebro un espacio donde procesar de manera simbólica.

Ahora bien, la creatividad no está reservada solo para los momentos de crisis: también encaja sin problema en el ritmo de la vida cotidiana. Es para todo el mundo, en cualquier momento. Nos gusta imaginar que la creatividad es una especie de ser mágico que aparece cuando quiere, pero en realidad es mucho más accesible y constante de lo que pensamos. Si te pasas el día esperando a que la inspiración llegue de golpe, quizá nunca empieces. En cambio, si haces que la creatividad forme parte de tu rutina diaria (dibujar mientras tomas el café por la mañana, garabatear antes de dormir), te resultará mucho más fácil mantenerla. No hace falta que reserves hora en tu agenda; basta con colar la creatividad en esos pequeños huecos del día.

La teoría del ser mitológico pasa por alto algo más: intentar abarcarlo todo, *en todas partes y al mismo tiempo*, es una forma infalible de bloquear la creatividad. Para generar ideas, el cerebro necesita establecer conexiones, construir un tablero de inspiración mental hecho de pensamientos sueltos y pequeñas chispas de emoción que luego utiliza como punto de partida. Cuando acotas el enfoque con una consigna (por ejemplo, «Escribe un poema sobre una tostada»), le das al cerebro un punto desde el que arrancar ese proceso. También puedes ponerte reglas o retos, como pintar usando solo dos colores. Un estímulo funciona igual de bien: puedes inspirarte en un objeto, una fotografía, una cita o cualquier cosa que active tus sentidos. Y, si incluso esto te resulta abrumador y la sola idea de enfrentarte a un «lienzo en blanco» te provoca una pequeña crisis existencial, puedes empezar por algo más estructurado, como un libro para colorear o un tutorial de YouTube.

¿Y qué pasa con quienes se dedican a crear profesionalmente? Trabajar en algo creativo es un privilegio poco común, pero las exigencias del ámbito profesional pueden volverse limitantes. El objetivo, en este caso, es hacer algo creativo que no tenga ninguna posibilidad de generarte ingresos, ni aunque quisieras. Escritores: dejad el bolígrafo y probad con arcilla, aunque os quede una figura torpe y desproporcionada. Artesanos: dejad a un lado el hilo de bordar y escribid poesía libre. La idea es permitir que la mente divague sin la presión de ser productiva o rentable. Cuando la creatividad es tu medio de vida, corres el riesgo de olvidar lo que se siente al crear solo para ti.

Entonces, ¿qué pasa si lo conviertes en un hábito y alimentas tu lado creativo con regularidad? Pues que, con el tiempo, tu cerebro te lo agradecerá y empezará a transformarse de maneras sorprendentes. Porque el cerebro, por naturaleza, está diseñado para cambiar, adaptarse y desarrollarse…, algo que descubrí por primera vez en el lugar más inesperado.

La madre de la invención

Recuerdo la primera vez que oí hablar de la «neuroplasticidad». No fue en una clase ni en un laboratorio, sino a mis veintipocos años, sentada en una cafetería con un ejemplar de *El cerebro se cambia a sí mismo*, de Norman Doidge.[33] Mi idea era hojear algunas páginas mientras tomaba un café, pero las horas pasaron sin darme cuenta y, cuando levanté la vista, el personal ya estaba bajando las luces y barriendo a mi alrededor. Las historias que había leído desdibujaban la frontera entre el milagro y la ciencia: una mujer que había nacido con medio cerebro y consiguió reorganizarlo hasta funcionar casi con normalidad, personas que habían sufrido un ictus y recuperaban capacidades que los médicos daban por perdidas, e incluso personas ciegas que aprendían a ver. Cuando terminé, la cabeza me quedó dando vueltas… en el mejor sentido posible.

Durante mi etapa escolar, aprendí que era una persona sin talento e irremediablemente torpe. Me resigné a la idea de que jamás llegaría a nada, y lo cierto es que ya había hecho las paces con ello. Pero las historias de Doidge dibujaban una imagen muy distinta del potencial humano: una en la que las limitaciones no eran fijas, sino flexibles, y donde las debilidades podían no solo superarse, sino transformarse en fortalezas. «Espera un momento —pensé—, ¿de verdad el cerebro *puede cambiar*? ¿Y si el *mío* también pudiera hacerlo?». Fue la primera chispa de confianza que sentí en mi vida adulta, y también el instante en el que nació mi pasión por la neurociencia.

Así que supongo que le debo bastante al doctor Doidge. Si por esas casualidades de la vida estás leyendo esto, doctor: gracias de todo corazón por estos regalos tan increíbles. Prometo hacer todo lo posible por transmitirlos. ¡Aquí vamos! El cerebro es como un trozo de arcilla, tan moldeable que prácticamente pide a gritos que lo transformen en algo extraordinario. Gracias a su potencial de cambio neuroplástico casi infinito, nunca es tarde para esculpir nuevas vías neuronales y formar nuevos hábitos, habilidades o formas de pensar. Esa plasticidad implica que las actividades en las que nos implicamos pueden, literalmente, remodelar la arquitectura de nuestro cerebro.

En algunos casos, la magnitud de estos cambios es tan profunda que los científicos pueden verlos con sus propios ojos, gracias a las técnicas avanzadas de neuroimagen. En Londres, los taxistas deben superar un exigente conjunto de exámenes, conocido como *The Knowledge* («El conocimiento»), para obtener su licencia. Para prepararse, los aspirantes pasan años recorriendo la ciudad y memorizando unas 25.000 calles en un radio de 10 kilómetros. Este intenso esfuerzo mental puede dar lugar a un hipocampo posterior más grande y desarrollado: el centro de mando de la navegación en el cerebro. [34] Del mismo modo, los músicos de cuerda también desarrollan cambios neuroplásticos después de años de práctica minuciosa con los dedos. Esta constante afinación de la sensibilidad táctil amplía la zona de la corteza somatosensorial dedicada a las yemas de los dedos de la mano izquierda, lo cual les permite percibir y detectar hasta las diferencias más sutiles de presión o textura. [35, 36] Pero, lo que una mano da, la otra lo puede quitar. Esa misma magia neuroplástica que nos ofrece tanta flexibilidad mental puede ser también la base de rigideces y malos hábitos difíciles de romper.

En *El cerebro se cambia a sí mismo*, Doidge compara la neuroplasticidad con la nieve blanda en una colina, una metáfora que toma prestada del neurólogo Álvaro Pascual-Leone. Al principio, cuando uno baja con un trineo por la ladera, puede elegir cualquier dirección, trazar cualquier ruta. Pero, si se baja una y otra vez por el mismo camino, se acaba formando un surco. Así también funcionan nuestros caminos neuronales: con el tiempo, lo que antes era flexible se vuelve rígido, y los pensamientos y comportamientos tienden a seguir siempre los mismos recorridos, casi en piloto automático. A medida que envejecemos, estos senderos se vuelven cada vez más profundos, y la adaptabilidad del cerebro joven empieza a disminuir. Lo que empezó siendo un trozo de arcilla dispuesto a tomar cualquier forma, puede terminar siendo tan inflexible como una piedra. Con el tiempo, nuestros *pensamientos* pueden volverse tan repetitivos que literalmente dejan un surco, una especie de rutina mental. Por eso, a veces nos ponemos a la defensiva ante una crítica constructiva, nos quedamos atrapados en patrones de pensamiento negativos como el pesimismo o la duda constante, o seguimos en trabajos o relaciones que ya no nos hacen felices. Es mucho más fácil seguir deslizándose por la colina nevada usando las mismas rutas de siempre, a las que ya nos acostumbramos.

Cuando hacemos algo creativo, en cambio, le damos al cerebro la oportunidad de salirse de esas rutas repetitivas y romper con lo automático. Cuando vivía en Bristol, conocí a un músico en lo que, según yo, fue una primera cita genial (¡quién sabe!, solo han pasado seis años... ¡quizá algún día responda al mensaje!). Se ganaba la vida componiendo y vendiendo canciones para otros artistas, mientras intentaba abrirse camino con su propia banda de *rock indie*. Hablamos sobre lo difícil que puede ser trabajar en una industria creativa y sobre cómo, a veces, extraer ideas de la cabeza bajo presión puede ser agotador. Me contó su estrategia para superar aquellos bloqueos creativos persistentes: zambullirse en proyectos totalmente fuera de su zona de confort. Así, en lugar de componer otra pieza de guitarra estilo cantautor, quizá decidía aceptar, por ejemplo, un encargo para escribir la banda sonora de una película de terror. Una vez incluso accedió a grabar efectos de sonido, e hizo cosas como aplastar maicena dentro de una bolsa de cuero para imitar el crujido de unos pasos sobre la nieve. Y lo curioso era que, cuando volvía a sus tareas de composición habituales, su cerebro parecía más dispuesto a generar ideas nuevas.

A primera vista, puede parecer una pérdida de tiempo entrenar al cerebro con actividades que no tienen relación aparente, como usar objetos domésticos para crear efectos de sonido. Entonces, ¿cómo es que jugar con maicena puede ayudarte a salir de patrones de pensamiento negativos o inspirarte a tomar decisiones que podrían cambiar tu vida? Intuitivamente, parece más lógico dedicar tu energía a algo con una recompensa más clara, como hacer un test de BuzzFeed para descubrir cuál es el villano de Disney que mejor representa tu matrimonio infeliz. O ver un tutorial de YouTube sobre los 10 pilares del pensamiento positivo. *¡El número 6 te sorprenderá!*

Cuando tratamos de resolver problemas (ya sea componer una canción o arreglar una relación), tendemos a fijar toda la atención en eso. Pero, igual que mirar directamente al sol puede cegarnos, dar vueltas todo el tiempo por los mismos caminos neuronales puede impedirnos ver nuevas perspectivas. Las tareas creativas, por irrelevantes que parezcan, le dan al cerebro la oportunidad de estirar las piernas y explorar otros caminos.[37] Aunque el trayecto para llegar allí te resulte un poco particular (sea pintar con los dedos, escribir *limericks* o jugar con Legos), lo cierto es que tu cerebro llega más flexible y con más espacio para pensar.[38, 39, 40, 41, 42] Es como si le instalases un nuevo paquete de algoritmos con el fin de prepararlo para enfrentarse a una mayor variedad de desafíos. El término técnico para esta habilidad es «flexibilidad cognitiva», y, si la potencias con trabajo creativo, puede que resuelvas problemas con más originalidad, gestiones mejor tus emociones o afrontes el estrés con más soltura.[43, 44, 45]

Todos sabemos lo importante que es el juego en el aprendizaje infantil. Cuando vemos a un niño imaginar mundos llenos de dinosaurios o historias de detectives, no pensamos si ese juego simbólico le preparará para ser paleontólogo o agente de policía. Lo valoramos porque entendemos que ese juego expande su mente de una manera más abstracta, pero no por ello menos importante. Sin embargo, cuando llegamos a la edad adulta, tendemos a asumir que ya no necesitamos jugar a imaginar, porque ya dominamos lo básico: socializar, resolver problemas... y resistir la tentación de morder una bola de plastilina. Pero, en realidad, lo necesitamos más que nunca, ahora que los caminos neuronales de nuestro cerebro (cada vez más viejos) empiezan a endurecerse.

Cuando te sientas a hacer tus tareas creativas semanales, hazlo con un espíritu curioso y lúdico. Intenta ver cada sesión como una oportunidad para explorar nuevas zonas de tu mente, romper patrones repetitivos y descubrir otras perspectivas. Da igual si estás garabateando en un cuaderno, escribiendo poemas o tocando un instrumento; deja que esos momentos sean espacios para experimentar con libertad, sin juzgarte. Despierta aún más tu creatividad variando de actividad cada semana. Si esta semana has estado dibujando dragones y castillos, quizá la próxima podrías escribir un pequeño guion. Al introducir continuamente al cerebro en nuevos contextos y desafíos, no solo desarrollas una habilidad concreta, sino que ejercitas distintos músculos cognitivos.

¿Y si lo que en realidad quieres es perfeccionar una habilidad en particular, con la idea de convertirte algún día en un verdadero *artiste*? Entonces, adelante: sumérgete de lleno en tu disciplina favorita y deja que tu cerebro estire las piernas de vez en cuando con algo nuevo. Nunca es tarde para aprender algo y llegar lejos.[46] Sí, quizá se te pasó la oportunidad de ser primer violín en la Filarmónica de Berlín, pero no hace falta alcanzar la perfección para crear algo maravilloso. Bill Traylor, que nació en la esclavitud, no empezó a hacer arte hasta los ochenta y cinco años, y aun así se convirtió en un artista extraordinario, usando trozos de cartón como lienzo para hacer sus dibujos poderosos y magnéticos.[47] La magia del trabajo creativo está muchas veces en el propio proceso en sí, por eso he dedicado gran parte del capítulo a animarte a crear por el puro placer de hacerlo. Pero también quiero dejar espacio a esas grandes ambiciones que quizá aún conservas. Hubo un tiempo en el que yo pensaba que nunca conseguiría nada... y, sin embargo, acabé poniéndome una bata de laboratorio. ¿Quién dice que tú no puedes ponerte una boina y un mandil y lanzarte a perseguir tus propios sueños? Al fin y al cabo, los límites son flexibles. Las debilidades pueden convertirse en fortalezas. El cerebro puede cambiar. Y tú también.

Los artistas nos ofrecen un conjunto de herramientas compartidas que nos ayudan a dar sentido a nuestra existencia y a encontrar significado en ella. Las grandes obras de arte mantienen su relevancia con el paso del tiempo, transformándose y adoptando nuevos significados según el contexto. Sin embargo, para algunas personas, el mundo del arte resulta inaccesible, mientras que otras se limitan a explorar solo una pequeña parte, como si existieran barreras invisibles marcadas por la clase social, la educación o la falta de familiaridad. Esta sensación de exclusión no es casual, sino que refleja los esquemas mentales que utilizamos para interpretar el mundo. Los psicólogos dicen que estos esquemas mentales son una especie de biblioteca interna en la que clasificamos nuestras experiencias, emociones y conocimientos en distintos compartimentos. Aunque estos esquemas nos permiten organizar pensamientos de forma rápida y eficaz, también pueden llevarnos a crear estereotipos, incluso sobre nosotros mismos. En el caso del arte, estos esquemas pueden convertirse en límites autoimpuestos: «El ballet no es para gente como yo» o «La música clásica es solo para una élite culta». Pero hay un camino hacia cualquier forma de arte, por muy ajena que te parezca a tu vida cotidiana. Solo necesitas unas pocas herramientas básicas para empezar.

Me interpela: El lenguaje del arte

Los esquemas mentales nos ayudan a procesar la información al instante. Dependemos de ellos como un marco de referencia instantáneo que nos permite desenvolvernos y tomar decisiones en tiempo real, sin tener que recurrir únicamente al instinto, como haría un ratón (atado con una correa). Son parte de una característica cognitiva más amplia y propia de los seres humanos: la inclinación a pensar a través de relatos.

El cerebro es un narrador en sí mismo. No solo almacena recuerdos, sino que los ordena con cuidado, los organiza como pequeños clips de película y los clasifica según su relevancia en nuestra autobiografía. Estos recuerdos episódicos nos permiten revivir experiencias, aprender de ellas y seguir dando forma a la historia de nuestra vida.

Gnocchi y yo compartimos muchos recuerdos, pero los vivimos de forma muy distinta. Imaginemos que él, por ejemplo, recuerda el día en el que nos conocimos. Si su diminuto cerebro del tamaño de una nuez consiguiera recuperar ese recuerdo y llevarlo por un instante a la consciencia, probablemente sería una imagen fugaz, un fragmento sin mayor necesidad de reflexión o análisis. En cambio, cuando yo pienso en ese día, reflexiono sobre cuánto han cambiado las cosas desde entonces y cómo ha evolucionado nuestro vínculo. Recuerdo lo delgado que estaba y me pregunto si su aumento de peso dice algo de mí como madre. ¿Y si soy una madre malísima? ¿Tiene eso más que ver con la genética o con las experiencias? ¿Qué significa realmente ser madre? ¿Y ser un gato? ¡Qué extraña es la experiencia de ser algo! *(Aquí imagina que me desmayo dramáticamente sobre el diván, con la mano en la frente).* Es ese diálogo interno constante al que la mayoría de los animales no tienen que enfrentarse. La complejidad de nuestros recuerdos a largo plazo nos empuja a lidiar con ellos a un nivel emocional, autobiográfico e incluso existencial.

Ahí es donde entra el arte, que rompe ese diálogo interno incesante con momentos que te *invitan* a parar y reflexionar. El arte está cargado de personalidades, estilos, historia y normas culturales; nos presenta otras formas de ver el mundo. Pero, a diferencia de las interacciones humanas (donde todo lo que decimos pasa por el filtro de la interpretación de otra persona), el arte nos ofrece una libertad poco común: la de explorar y reflexionar sin interrupciones ni malentendidos. Es un diálogo con el mundo en el que podemos ser nosotros mismos con total libertad. En palabras del dramaturgo Alan Bennet: «Los mejores momentos de la lectura son aquellos en los que te topas con algo (una idea, una emoción, una forma de ver el mundo) que creías única y solo tuya. Y ahí está, escrita por alguien a quien nunca has conocido, quizá incluso alguien que murió hace mucho tiempo. Y es como si una mano saliera de la página y tomara la tuya».[48]

El impacto que tiene el arte en nuestra narrativa interna no es solo anecdótico. Si pudiésemos observar el cerebro de una persona que está paseando por una galería de arte, percibiríamos el momento en el que una obra realmente le conmueve. Cuando nos encontramos con una pieza que resuena con nosotros, se activa con más fuerza la red neuronal por defecto, un circuito que da forma a nuestra historia personal en tiempo real. [49, 50, 51, 52, 53] Nos atrae el arte que nos interpela a nivel personal. Vemos algo de nosotros en esa obra, incluso si la vida del artista, en apariencia, no guarda ningún tipo de relación con la nuestra. Pongamos como ejemplo a dos de mis poetas favoritos: Ocean Vuong, que escribe desde la perspectiva de un joven *gay* vietnamita-estadounidense, y Mary Oliver, que pasó buena parte de su carrera reflexionando sobre un mundo que existía décadas antes de que yo naciera. Sus vidas y experiencias no se parecen en nada a las mías, y, sin embargo, me veo reflejada en sus palabras. Un gran artista puede tomarte de la mano y acompañarte a través de sus vivencias, para que encuentres tu propio significado dentro de su historia.

Cuando elijas con qué tipo de arte quieres interactuar, no tengas miedo de explorar formatos, géneros o artistas que, de entrada, sientas lejanos a tu identidad. Atrévete a salirte de lo conocido. Al hacerlo, te abres a nuevas perspectivas que pueden dar otro aire a tu mundo interior. Sí, el cerebro es un narrador incansable, pero se pasa el tiempo repitiendo una y otra vez los mismos relatos, incluso aquellos que resultan dolorosos al anfitrión humano. Durante años, el mío insistía en la historia de una chica estúpida que nunca llegaría a nada. Hasta que le ofrecí material fresco con el que trabajar. Vale, la divulgación científica no es arte en el sentido estricto de la palabra, pero en su momento era un género nuevo para mí, y fueron las historias las que le dieron sentido. Todos adquirimos alguna vez sabiduría de forma indirecta: esa frase en un poema o esa escena de una película que parece sacada directamente de nuestra propia vida, y que nos ofrece una perspectiva distinta. A veces, simplemente valida nuestra experiencia, confirmando en silencio que no estamos solos. Y eso también es material fresco para el motor narrativo del cerebro. Cuanto más te expongas a distintas formas de arte, más posibilidades tendrás de transformar tu historia personal.

Visita una galería de arte y apúntate a una visita guiada o, si eres más bien introvertido, recórrela por tu cuenta. Si no sabes muy bien cómo interactuar con las obras, céntrate en los aspectos sensoriales: ¿qué te llama la atención? ¿Por qué un artista habría elegido un formato tan pequeño, de apenas 7 x 7 centímetros, para pintar un cuadro? Piensa en cómo esa elección cambia tu manera de conectar con la obra, al invitarte a mirarla más de cerca. Fíjate en los colores: ¿son intensos o apagados, feos o bonitos? ¿Alguno de los tonos te recuerda a esa camiseta gastada que tu pareja se niega a tirar? ¿O quizá te lleva de vuelta al dormitorio de cuando eras niño? No hace falta que las reflexiones sean profundas, y tampoco importa si no sabes a qué movimiento artístico pertenece una obra. Aquí no hay notas ni exámenes, no puedes *suspender en una galería*. Se trata de explorar y ver a dónde te lleva esa experiencia.

Prueba a adoptar el mismo enfoque con la literatura o la música. Visita una librería independiente o una tienda de discos y pide una recomendación sorpresa. Compra entradas para una obra de teatro, un concierto o un espectáculo de danza, y ve sin hacerte demasiadas ideas previas. Yo decidí que me iba a gustar la poesía hace unos cuatro años, a pesar de casi no haberla leído antes. Empecé a comprar poemarios de segunda mano, uno a uno, hasta que descubrí qué estilos me gustaban. Hoy en día leo poesía casi a diario e incluso me he unido a un club. ¿Soy buena escribiendo poesía? En absoluto. Pero interactuar con la poesía (leerla, escribirla, destrozarla) enriquece mi mundo interior. De hecho, hace poco me pasé a la música clásica, todo gracias a un amigo de la familia que me regaló por Navidad un cedé con sinfonías de Bruckner. Puedes adentrarte en cualquier disciplina artística que te atraiga y exigir tu lugar: no te cerrará la puerta. También puedes convertirte en una especie de embajador cultural y animar a otros a explorar ese universo artístico que tú ya has descubierto. Y, como tenemos un impulso innato hacia la reciprocidad, es muy probable que ese gesto te sea devuelto.

La película *Yo, robot* nos sitúa en un futuro distópico en el que los robots forman parte de la vida cotidiana: desde tareas domésticas como lavar los platos hasta ocupaciones complejas en el sector público. La mayoría de los humanos los acepta con entusiasmo, los considera útiles, incluso imprescindibles. Pero el detective Del Spooner, interpretado por Will Smith, no está tan convencido. Su falta de confianza viene de un accidente traumático: un coche cayó al agua con él y una niña atrapados dentro, y un robot decidió salvarle a él, no a la niña, porque un algoritmo determinó que sus probabilidades de sobrevivir eran más altas. El escepticismo de Spooner lo lleva a investigar la misteriosa muerte de un prestigioso ingeniero en robótica. Allí conoce a Sonny, un robot con unas capacidades extraordinarias. Lo que empieza como un interrogatorio típico pronto se convierte en un diálogo filosófico sobre la creatividad, la conciencia y el significado de ser humano. Spooner le plantó cara y preguntó: «¿Un robot puede componer una sinfonía? ¿O transformar un lienzo en una obra de arte?». Y Sonny, sin vacilar, responde: «¿Y tú?».

¡Pum! Una respuesta demoledora. Me quito el sombrero, Sonny. Un contraataque perfecto, ¡bravo! Pero lo cierto es que Spooner planteó mal la cuestión desde el principio. No se trata de si un robot *puede* crear o no. La verdadera pregunta es: *¿por* *qué* lo haría? Esa es la diferencia entre humanos y máquinas, y es también la razón por la que nosotros, a diferencia de los robots, no nos definimos solo por lo que producimos. Además, ¿qué importa si un robot puede componer una sinfonía o pintar una obra maestra? Nosotros seguiríamos siendo quienes las disfrutan.

Y si un robot se atreve a adentrarse en el mundo del arte y la creación, tal vez nosotros también podríamos permitirnos ser un poco más valientes, ¿verdad?

Resumen del capítulo

Prioriza la expresión simbólica cuando las palabras no basten. Si el lenguaje no es suficiente para procesar tus pensamientos y emociones, recurre al arte. Crear algo tangible te ayuda a procesar experiencias que pueden resultar demasiado complejas o dolorosas para expresar con palabras.

Crea sin juzgar. Permítete crear por el simple hecho de hacerlo, sin preocuparte por el resultado. Deja de lado el perfeccionismo y acepta que tu obra no tiene por qué ajustarse a los estándares tradicionales de «calidad».

Integra la creatividad en tu rutina diaria. Busca pequeños momentos a lo largo del día para expresarte de forma creativa, ya sea garabateando, escribiendo o a través de cualquier otra forma de arte. Lo importante es la constancia, aunque sean gestos mínimos.

Desafía tu creatividad con distintas propuestas. Trabaja con consignas que acoten tu enfoque, como un tema concreto o materiales limitados. Estas restricciones evitarán que te abrumes y ayudarán a tu cerebro a arrancar el proceso creativo.

Aprovecha el poder de la neuroplasticidad. Recuerda que la creatividad favorece la flexibilidad cognitiva, lo que permite que el cerebro se adapte y crezca. Hacer actividades que estimulan la creatividad con regularidad fortalece las conexiones neuronales y favorece la resiliencia mental y la regulación emocional.

Permítete explorar la creatividad con una actitud lúdica. Acércate a las actividades creativas con curiosidad y ganas de jugar.

Probar técnicas o medios distintos rompe patrones de pensamiento rígidos y abre nuevas posibilidades.

Anímate a experimentar con expresiones artísticas que no conocías. Sal de tu zona de confort y prueba otros géneros, estilos o formatos. Atrévete a conectar con obras que no encajen del todo con tus gustos o tu identidad.

Acércate al arte. Visita exposiciones artísticas, escucha música, lee literatura o mira películas que te conmuevan con regularidad. Cuanto más te expongas a distintas formas de arte, más profunda será tu reflexión personal y tu conexión emocional.

La mente en movimiento: cómo encontrar la libertad a través del movimiento

Hace miles de millones de años surgieron los primeros indicios de vida en la Tierra, y con ella la cadena de acontecimientos que desembocaría en nuestra existencia. De las moléculas surgieron las células, y de las células, las criaturas; así siguió avanzando el ritmo de la evolución, hasta que comenzaron a formarse las primeras estructuras cerebrales primitivas. «¿Y para qué? —te preguntarás—. ¿Por qué surgieron los primeros sistemas nerviosos?». La respuesta es sencilla: para posibilitar el movimiento.[1]

Flotar sin rumbo en el océano no estaba mal, hasta que surgía la necesidad de escapar de un peligro o de encontrar alimento estando a kilómetros de la masa de algas más cercana. Así que la evolución fue dando pequeños pasos hacia la creación de un sistema nervioso que permitiera a los seres vivos moverse de forma voluntaria. Cuando salieron del agua y pisaron tierra firme, estas criaturas se sintieron blandas y vulnerables. Entonces, una vez más, la evolución llegó al rescate creando un sistema musculoesquelético que les permitió desplazarse de manera más fuerte y ágil. Pero moverse en un entorno tan impredecible como el terrestre no solo requería fuerza física; también hacía falta integrar información sensorial. Así que la evolución dotó a los organismos de mecanorreceptores para detectar el tacto y la presión, y de nociceptores para percibir el dolor.

Para cuando llegamos los seres humanos, el único diseño de cerebro mamífero que había disponible seguía estando basado en funciones ligadas al movimiento. Supimos sacarle partido y lo readaptamos: reciclamos los circuitos neuronales que originalmente facilitaban el movimiento y los transformamos en herramientas para la conciencia y la cognición.[2, 3] Es imposible entender cómo funciona nuestro cerebro hoy en día sin tener en cuenta esas versiones más primitivas.

El movimiento no es solo una función más; es la base misma sobre la que se construyó toda nuestra arquitectura neuronal. Mejorar la motricidad nos permitió tener interacciones más complejas con el entorno, lo que a su vez impulsó el desarrollo de habilidades cognitivas más avanzadas. Cada parte de nuestra conciencia gira en torno al movimiento. Si hubiéramos llegado un poco antes, quizá habríamos podido pedir un sistema nervioso diseñado para pasar el día tirados en el sofá o sentados frente a un escritorio. Quizá así la vida moderna nos resultaría un poco más llevadera.

¡Ah! Aquí va de nuevo. Otra vez el típico discurso sobre lo importante que es hacer ejercicio. Pero ¿y si prometo contarte una historia distinta? Una sin batidos de kale ni la presión de tener un físico perfecto. Quizá consiga que empieces a ver el ejercicio como un acto de libertad, y no como otra tarea tediosa que hay que hacer por obligación. Después de todo, tu cerebro lleva miles de años evolucionando para moverse. Así que ¿no sería lógico que movernos nos resultara algo natural?

Potencia el crecimiento de tu hipocampo

Mi primer contacto con el mundo del *fitness* fue cuando tenía alrededor de veinte años. En esa época, iba de un trabajo mal pagado y poco gratificante a otro; me aferraba a una relación que hacía tiempo que se había convertido en una amistad, y buscaba algo con lo que llenar ese espacio donde se suponía que debía estar mi identidad. En ese contexto, una costosa suscripción al gimnasio me pareció justo lo que necesitaba para tapar ese vacío.

Con el paso de las semanas y los meses, empecé a despertarme cada mañana sintiéndome un poco más animada. Los efectos no eran meramente físicos; era evidente que algo estaba ocurriendo en mi cerebro, y yo lo notaba. Aunque no puedo asegurar con total certeza qué estaba cambiando ahí arriba, el hipocampo tiene todas las papeletas, ya que practicar ejercicio con regularidad puede hacer que aumente de tamaño.[4, 5, 6, 7, 8, 9]

A estas alturas, tú y el hipocampo ya sois como viejos amigos, después de pasar tanto tiempo juntos a lo largo de este libro. *¡Ah, qué recuerdos!* ¡Literalmente! El hipocampo es célebre por su papel en el aprendizaje y la memoria, claro, y estas funciones parecen mejorar cuando disponen de más espacio para operar.[10, 11] Pero no nos quedemos en lo superficial: llegados a este punto, tienes más que superado el *curso básico sobre el hipocampo.*

Como hemos visto, el hipocampo también interviene en la gestión del estrés. Está equipado con receptores de cortisol que indican al cuerpo cuándo debe frenar la avalancha de hormonas del estrés.[12, 13] Pero, como cualquier sistema sometido a mucha presión, estos receptores pueden empezar a fallar si se sobrecargan.[14] Además, el estrés crónico no solo afecta a los receptores; también puede dañar directamente a las propias neuronas, deteriorando poco a poco el hipocampo.[15, 16] Con el tiempo, el cortisol puede volverse una especie de neurotoxina, letal para cualquier neurona a la que se aferre. Esto hace que el hipocampo sea tan vulnerable, ya que está lleno de receptores que permiten al cortisol actuar.

En casos de depresión, es común que el hipocampo reduzca su tamaño, probablemente como consecuencia de este mismo proceso. [17, 18, 19, 20, 21, 22] Y, cuando el hipocampo es más pequeño, tiene aún más dificultades para regular el estrés, creando un círculo vicioso del que resulta difícil salir. Aquí es donde el ejercicio puede convertirse en un poderoso aliado: actúa como un escudo protector frente a los efectos corrosivos del estrés, lo cual le da al hipocampo la oportunidad de mantenerse funcional y con un tamaño saludable. [23, 24] Esto tal vez explique por qué entrenar todos los días me hacía sentir más despierta y con más energía.

Cuando una región del cerebro aumenta de tamaño, suele deberse a cambios estructurales, como la creación de nuevas sinapsis o el engrosamiento de la capa que recubre las neuronas. En cuanto a las propias neuronas, lamentablemente, nos tenemos que conformar con las que traíamos de serie al nacer. Sí, me temo que la creación de neuronas es cosa de cerebros jóvenes, y el tuyo se retiró hace ya tiempo. Bueno, *no del todo*.

Durante mucho tiempo, la comunidad científica pensó que el cerebro adulto era incapaz de producir neuronas nuevas, un proceso que llamamos «neurogénesis». Pero, como suele ocurrir en el ámbito de la ciencia, hubo algunas sorpresas. Si bien es un tema que todavía suscita debate, parece que existen algunas zonas especiales del cerebro adulto capaces de generar nuevas neuronas, y una de ellas es (*redoble de tambores*) ¡el hipocampo! Después de haber compartido tanto tiempo con el hipocampo a lo largo de este libro y de verlo en tantas situaciones distintas, seguro que pensabas que ya no te podía sorprender, ¿verdad? Y aquí lo tienes, tu viejo amigo todavía guarda algunos secretos bajo la manga. Casi puedo imaginarte preguntando, entre desconcierto y negación: «¿Y tú quién eres?».

Las estructuras se parecen a las muñecas rusas: quitas una capa y debajo encuentras otra o, más bien, una subestructura más pequeña, con sus propias funciones y habilidades. En el hipocampo, una de esas capas es el giro dentado, llamado así por su borde en forma de «dientes». Pero espera, antes de que te emociones demasiado con la posibilidad de hacerte un cerebro nuevo, debes saber que el giro dentado no es exactamente una fábrica de neuronas. La tasa exacta de producción sigue siendo una incógnita, pero, para que te hagas una idea, sería como si la población mundial sumara solo unas pocas docenas de personas al día. Aunque sean pocas en términos numéricos, estas neuronas recién nacidas parecen compensarlo con su entusiasmo por entrar en acción. Son como becarios ansiosos por demostrar su valor. Mientras sus colegas mayores y experimentados se conforman con mantener sus conexiones existentes (y quizá formar alguna nueva entre café y café de neurotransmisores), estos recién llegados trabajan a destajo, formando nuevas conexiones sin parar. [25, 26]

La neurogénesis sigue estando envuelta en un manto de misterio. Aún queda mucho por aprender, y algunos científicos siguen poniendo en duda parte de los datos que tenemos sobre el cerebro humano. Lo que sí parece bastante claro es que el ejercicio puede ayudar a aumentar (o al menos preservar) el volumen del hipocampo, y que esto trae beneficios concretos para la salud mental. Si bien sigue siendo objeto de debate, algunas investigaciones apuntan a que la neurogénesis también podría desempeñar un papel crucial en todo esto. [27, 28, 29, 30, 31, 32, 33] Creemos que las neuronas recién nacidas ayudan al hipocampo a regular el estrés, integrándose con entusiasmo en los circuitos encargados de frenar la liberación de cortisol. [34, 35] Incluso cuando los receptores de cortisol están desbordados, una nueva inyección de neuronas podría ofrecerle al hipocampo una segunda oportunidad para cumplir su función. [36, 37, 38, 39, 40] Imagínatelo como un grupo de becarios que llega justo a tiempo al cerebro para dar una mano y aliviar un poco la carga.

Pero estos jóvenes talentos no se limitan a hacer tareas rutinarias de mantenimiento. También se cree que desempeñan un papel activo en cómo percibes y respondes al entorno. Al formar nuevas sinapsis y fortalecer las ya existentes, podrían ayudar a crear nuevos esquemas mentales y así ayudarnos a adoptar otras perspectivas. Si alguna vez te has sentido atrapado, dando vueltas a las mismas preocupaciones o pensamientos negativos, puede que tu flexibilidad cognitiva esté algo oxidada. Esto puede ocurrir cuando el hipocampo se aferra demasiado a la información ya aprendida, algo que se considera un factor clave en el pesimismo característico que a menudo acompaña a la depresión. [41, 42, 43, 44, 45, 46, 47, 48] Las neuronas recién nacidas llegan al rescate (hipotéticamente), mejorando la flexibilidad cognitiva y ayudando a romper ese ciclo. [49, 50] Cuando el hipocampo está más preparado para adaptarse a nueva información, también está más preparado para cuestionar y modificar los patrones de pensamiento negativos.

Movimiento y pensamiento son viejos compañeros de baile: se impulsan mutuamente hacia nuevas metas, y esta relación nos acompaña desde el origen de nuestra especie. Cuando te mueves, envías una señal al cerebro que le indica que podrías estar explorando nuevos territorios, viviendo nuevas experiencias o relacionándote con el entorno de formas que requerirán crear nuevas conexiones neuronales. El cerebro, básicamente, interpreta: «¡Vaya, nos estamos moviendo mucho! Será mejor que fabriquemos algunas neuronas nuevas para poder asimilar todo lo que podríamos aprender».

Para nuestros antepasados, moverse no era solo una necesidad, era la clave para sobrevivir, y, en consecuencia, para pensar.

Hoy, sin embargo, hemos creado un mundo que nos lleva a estar quietos: desde las aulas hasta los cubículos de oficina, pasando por gran parte de nuestras formas de entretenimiento, todo implica estar sentado. Hemos desarrollado tecnologías que nos permiten acceder a un caudal infinito de conocimiento sin movernos de la silla. Y, aun así, el cerebro, moldeado por millones de años de evolución, sigue asociando el movimiento con el aprendizaje y el crecimiento.

Si queremos mantener la mente ágil y los pensamientos claros, debemos honrar ese legado manteniéndonos activos y conectados con el mundo que nos rodea. Eso no implica necesariamente que tengamos que apuntarnos a un maratón o empezar a practicar escalada, aunque, si te apetece, son actividades muy válidas. También puede ser algo tan simple como optar por caminar hasta el supermercado en vez de ir en coche, empezar algún *hobby* que implique movimiento o, simplemente, hacer el esfuerzo de levantarse y moverse un poco cada hora. Incluso se ha demostrado que el ejercicio de baja intensidad también aumenta el volumen del hipocampo.[51, 52, 53, 54] De hecho, caminar a paso ligero es una de las opciones más eficaces.[55] La clave está en incorporar el movimiento de manera habitual e intencionada a la rutina diaria.

La evolución del cerebro humano estuvo marcada no solo por un estilo de vida en constante movimiento, sino también por la lucha diaria por la supervivencia. Desde el punto de vista evolutivo, es preferible tener un cerebro que, de vez en cuando, reaccione de forma exagerada cuando percibe una amenaza a uno que no reaccione lo suficiente. La ansiedad, en todas sus formas (sean trastornos, fobias o las preocupaciones de todos los días), es el precio que pagamos por tener un cerebro eficiente a la hora de protegernos. El problema es que, hoy en día, muchas de las amenazas que enfrentamos son más abstractas y rara vez suponen un peligro real e inmediato para nuestra vida. Entonces, ¿cómo convencemos a nuestro cerebro de que se relaje en un mundo donde los peligros no siempre son tan evidentes?

Todo depende del contexto

Mientras tu hipocampo recopila nuevos recuerdos, también se encarga de ordenar y etiquetar la información para evitar que confundas eventos similares; una función conocida como «separación de patrones». Dependemos de esta habilidad básica, por ejemplo, para recordar dónde hemos aparcado el coche cuando vamos al supermercado. Sin la separación de patrones, el cerebro podría mezclar los recuerdos antiguos con los recientes, y así terminar llevándote a una absurda búsqueda por todos los sitios donde hayas aparcado alguna vez. Es posible que, en algún momento, hayas vivido una versión en miniatura de esto; ¡después de todo, nuestras habilidades cognitivas son tan propensas a cometer errores como nosotros mismos!

El hipocampo cuenta con todo un batallón de neuronas procedentes del giro dentado que trabajan sin descanso para asegurarse de que cada experiencia quede debidamente catalogada. Con un movimiento casi despótico, asigna a cada neurona la ingrata tarea de encargarse de un único patrón de memoria.[56, 57] La monotonía de este trabajo no debe subestimarse: día tras día, cada neurona permanece en su puesto, con su sello de goma listo, esperando pacientemente a que llegue su patrón asignado para así, en un acto solemne, estampar su marca. *¿Deberíamos animar al giro dentado a formar un sindicato?* Este es, sin duda, un trabajo de becario, y por eso se cree que nuestras habilidades de separación de patrones mejoran cuando hay un flujo constante y saludable de neurogénesis.[58]

Puede que, de entrada, no quede del todo claro qué impacto tiene esto en nuestro bienestar mental. ¿Recuerdas cuando hablamos de esas charlas íntimas entre el hipocampo y la amígdala durante la fase REM? Pues también colaboran en el condicionamiento del miedo, el proceso por el cual asociamos determinados lugares o situaciones con el peligro, en función de experiencias pasadas.[59] Imagina que tienes una pelea con un payaso en una fiesta de cumpleaños. Sin la intervención adecuada del hipocampo, tu amígdala podría decidir que todos los payasos, los circos e incluso las fiestas de cumpleaños en general son amenazas que hay que evitar a toda costa. De repente, empiezas a tener sudores fríos cada vez que ves a un artista callejero disfrazado, y tus amigos se preguntan por qué solo quieres comer *cupcakes* en espacios abiertos y, de ser posible, con varias rutas de escape.

Aquí es donde entra en acción el hipocampo, recordándole a la amígdala que aquel altercado con el payaso fue algo puntual, propio de esa fiesta y de ese payaso en particular. «Tranquila, cariño —le dice—. Solo es un poco de helado y gelatina, nada de qué preocuparse». Un hipocampo en buena forma sabe manejar estos matices contextuales. En cambio, si es más pequeño o está debilitado, puede tener dificultades, lo que incrementa el riesgo de sufrir una crisis de ansiedad.

La pobre amígdala no sale muy bien parada en todo esto, la verdad. Suele llevarse la culpa de la ansiedad y los miedos irracionales, pero en realidad hace lo que puede con la información que tiene (o, más bien, con la que no tiene). El contexto es responsabilidad del hipocampo. Cuando este no cumple bien su función, la amígdala se ve obligada a generalizar las respuestas de miedo para mantenernos a salvo. «¡Mejor prevenir que curar!», gime, temblando de puro miedo. Pobre, al fin y al cabo solo está intentando hacer su trabajo, aunque a veces lo haga con un exceso de entusiasmo.

Los trastornos de ansiedad, como todas las condiciones de salud mental, son complejos, con múltiples capas, y a menudo muy resistentes. No estoy sugiriendo en absoluto que hacer ejercicio sea una solución mágica. De hecho, cuando estás sumido en la depresión o pasando por momentos de gran ansiedad, la idea de salir a correr no solo suena poco tentadora, sino directamente imposible. Y es ahí donde muchas veces se traba esta conversación: es fácil hablar en un sentido abstracto de los beneficios del ejercicio, pero reconocer los obstáculos reales (y abrumadores) que se interponen en el camino es mucho más difícil.

Imagino que muchas personas con trastornos de salud mental estarán hartas de que les digan que hagan ejercicio, sobre todo porque se vende como una especie de solución definitiva. El discurso suena más o menos así: «Si estás algo triste, ansioso o perdido, un paseo rápido, un poco de yoga o un par de horas de gimnasio deberían bastar para solucionarlo. El mundo se arreglará y los pájaros volverán a cantar. ¿Que no funciona? Bueno, entonces es que no te has esforzado lo suficiente».

Es una respuesta sencilla y cómoda que muchos asumen que resolverá todos los problemas. Veo este tipo de conversaciones a diario en la sección de comentarios de las redes sociales, donde se ofrece el consejo de «Haz ejercicio ¡y listos!», a menudo por parte de personas que no han vivido ni un solo día con una enfermedad mental. Es un discurso que simplifica en exceso y que, precisamente por eso, puede resultar tan dañino.

El ejercicio cumple un papel importante (sin duda es una herramienta valiosa) y puede ayudar a muchas personas a mejorar su salud mental; en mi caso, desde luego, me ha servido. Pero eso no significa que todo el mundo pueda sudar hasta alcanzar la recuperación. Este matiz es el que suele perderse en todos esos consejos bienintencionados sobre el ejercicio y la salud mental: la realidad de que, para muchos, se necesita un plan de tratamiento más riguroso.

También hay que reconocer que el ejercicio requiere energía. Y la energía es un recurso que, en las personas con trastornos de salud mental, a menudo escasea. Si nunca has sentido en carne propia ese agotamiento que viene con la depresión, es entendible que se subestime. Pero quienes lo han vivido saben que, en esos momentos, incluso levantarse de la cama puede parecer una tarea abrumadora. Eso no quiere decir que la responsabilidad personal y la capacidad de tomar acción no importen en el cuidado de la salud mental, porque sí, son importantes.

Aunque reducir la salud mental a algo que se resuelve, simplemente, saliendo a correr es perjudicial, también puede serlo aferrarse a la idea de que no hay nada que se pueda hacer. A veces, cuando pienso en esto, me acuerdo de mi madre. En algún momento del camino, se cansó y se resignó. Quizá le resultaba más fácil dejar de creer que tenía cierto control sobre lo que le pasaba y convencerse de que, hiciera lo que hiciese, nada iba a cambiar. Así que se aferró a frases que le servían para soltar las riendas, como «Lo que está destinado para ti, tarde o temprano llegará». La enfermedad fue ganando terreno, poco a poco y en silencio.

Aquí es importante encontrar un punto de equilibrio. Por un lado, es esencial reconocer las limitaciones reales que impone una enfermedad mental. Por otro, no hay que dejar que esas limitaciones se conviertan en una excusa para dejar de intentarlo. Hay que hacer el esfuerzo, sí, aunque a veces lo hagas y no pase nada.

El ejercicio *puede* ser beneficioso para la salud mental, pero, cuando se trata de trastornos graves, suele ser solo una parte de una estrategia de tratamiento más amplia. Es una herramienta más, un recurso adicional que puede marcar la diferencia. A la hora de lidiar con el estrés, la depresión o la ansiedad, contar con un hipocampo más grande parece ofrecer cierta ventaja. [60, 61, 62, 63, 64] Incluso en casos de TEPT (uno de los trastornos más complejos) se ha observado que un hipocampo más voluminoso se asocia con mejores resultados terapéuticos. [65, 66] De hecho, también se ha relacionado el aumento del volumen del hipocampo con el uso de antidepresivos, cuya eficacia parece depender, al menos en parte, de su capacidad para estimular esa respuesta. [67, 68, 69, 70, 71, 72]

El hipocampo (como el resto del cerebro) necesita un suministro constante de un factor llamado «factor neurotrófico» derivado del cerebro, o BDNF, una proteína que actúa como fertilizante cerebral: mantiene las neuronas sanas y favorece el crecimiento de nuevas. Sin embargo, no todos los cerebros manejan el BDNF de la misma forma. Algunas personas tienen una variante del gen BDNF, conocida como «Val66Met», que dificulta la liberación y el aprovechamiento de esta proteína. [73, 74] Es como pedir algo por Internet y que el paquete llegue tarde, mal embalado y sin algunas piezas: eso es lo que ocurre en el cerebro de quienes tienen la variante Val66Met. El BDNF está, pero no llega en condiciones, lo que puede dificultar que se beneficien plenamente de tratamientos para los trastornos del estado de ánimo, incluidos tanto el ejercicio como los medicamentos antidepresivos. [75, 76]

Pero no todo está perdido. Incluso si tienes esta variante genética, el ejercicio puede seguir siendo beneficioso. [77, 78, 79, 80] Aunque quizá no consiga contrarrestar por completo los efectos del Val66Met, puede aumentar la cantidad de BDNF disponible en el cerebro. [81, 82] Es como hacer más pedidos de fertilizante para el cerebro: puede que una parte se pierda por el camino, pero quizá llegue lo suficiente como para que tu hipocampo crezca y prospere. [83]

Y este es solo uno de los muchos mecanismos implicados. Tanto los antidepresivos como el ejercicio actúan sobre una amplia variedad de procesos cerebrales, y también influyen factores genéticos, fisiológicos y ambientales. Si bien este libro está lejos de ser un manual exhaustivo, sí intenta arrojar algo de luz sobre cómo el ejercicio puede favorecer la salud mental, incluso en casos con dificultades importantes. Y, sobre todo, mostrar por qué algunas personas obtienen beneficios más notables que otras.

Una sola sesión de ejercicio ya puede aumentar los niveles de BDNF en el cerebro,[84, 85, 86] lo que puede traducirse en una mejora inmediata del estado de ánimo o de la función cognitiva,[87, 88, 89] o bien actuar como un escudo temporal que proteja las células del hipocampo ya existentes.[90] Aunque no quiero caer en la simplificación de presentar la enfermedad mental como algo que se resuelve dando unas vueltas a la manzana, lo cierto es que, a veces, la salud mental se construye a base de pequeños avances: pasos modestos y constantes que, con el tiempo, fortalecen el cerebro y lo hacen más resistente.

En esos tiempos en los que sentía que no conseguía salir a flote, hacer ejercicio con regularidad me daba la sensación de que, poco a poco, la balanza se iba inclinando a mi favor. Pero lo cierto es que mi relación con la actividad física siempre ha sido complicada. No puedo contar una historia redonda y épica sobre cómo el deporte me salvó de caer en el abismo. Mi recorrido de catorce años en el mundo del ejercicio ha sido complejo, lleno de capas y momentos caóticos, como suelen ser las historias reales. Muchas veces queremos mitificar nuestras experiencias, pulir los detalles que no encajan del todo en un relato claro. Y, aunque es verdad que el ejercicio ha sido mi salvavidas muchas veces, esa versión de la historia omite los momentos en los que mi relación con él se volvió poco saludable.

Fracasar no es una opción. ¿O sí?

Todo empezó de forma sutil. Poco a poco me fui acostumbrando a cenar casi siempre lo mismo: pechuga de pavo, brócoli y salsa piri-piri. Cada tanto, para darme el gusto, pedía una hamburguesa en un local de comida para llevar muy mono que tenía a unos pasos de casa..., hasta que la culpa después de comer se hizo insoportable. En aquel entonces no tenía las palabras para describir lo que me estaba pasando. Jamás se me pasó por la cabeza que pudiera estar mejorando mi salud mental en algunos aspectos mientras destruía otros al mismo tiempo.

A los veintitrés años, ya me saltaba comidas continuamente, entrenaba sin parar y hasta movía los pies a propósito cuando tenía que estar sentada. «Si te mueves, quemas calorías, y cada caloría cuenta», me decía, sin percatarme de lo mucho que me estaba perjudicando. Pensaba en mi cuerpo cada dos minutos, y estaba convencida de que cualquiera que me mirase vería lo mismo que yo odiaba de mí: las hendiduras en las caderas, la barriga. Tardé años en darme cuenta de lo que realmente estaba pasando.

Mi historia no es la única. La cultura del *fitness* y la imagen corporal están tan entrelazadas que resulta casi imposible separarlas. Y todo esto se remonta a la antigua Grecia, donde se creía que el cuerpo bien proporcionado era el reflejo de una personalidad noble. Hoy en día, esa misma lógica ha tomado una nueva forma en la era de las redes sociales, donde *influencers* del mundo *fitness* promueven ideales de perfección física, desdibujando la línea entre el consejo de salud y el culto a la estética.

Lo que está implícito en ese mensaje es que todo el mundo puede «elegir» el cuerpo que quiere. El cuerpo, en vez de ser aceptado como parte de ti, se convierte en un objeto que hay que mejorar, modificar y optimizar mediante pura fuerza de voluntad. Muchas veces nos hacen creer que un cuerpo perfecto es la puerta de entrada a una nueva versión de ti, y que el único precio a pagar por esa transformación milagrosa es tomar unas cuantas decisiones virtuosas. Inevitablemente, no cumplir esos estándares se interpreta como un signo de pereza o falta de valor.

La creencia generalizada de que un cuerpo más pequeño o más musculado equivale automáticamente a una mejor salud ha creado el escenario perfecto para que ciertas conductas problemáticas se disfracen de hábitos *fitness* «saludables».[91] De acuerdo a una encuesta realizada en Noruega a unos 800 entrenadores, el 22 % de los hombres y el 59 % de las mujeres presentaban comportamientos alimentarios desordenados.[92] Una cifra preocupante, sobre todo si tenemos en cuenta que sus clientes, probablemente, los ven como modelos de vida sana.

Fue a mis veintitantos años cuando descubrí que mi obsesión con las hendiduras en las caderas y la grasa abdominal no era solo una cuestión de autocrítica; tenía un nombre clínico: «trastorno dismórfico corporal» (TDC). Hasta entonces, había asumido que esa preocupación constante por mis defectos y la sensación de estar siendo observada cada vez que entraba en una habitación eran las consecuencias naturales de tener un cuerpo imperfecto.

No soy la única que ha pasado por esto. Una revisión de 26 estudios señaló que ciertos atletas, como los culturistas y levantadores de pesas, son especialmente propensos a desarrollar una variante del TDC conocida como «vigorexia». Del mismo modo, se ha observado que el alumnado de Ciencias del Deporte presenta una mayor vulnerabilidad al TDC en comparación con los estudiantes de biología o nutrición.[93]

Es imposible saber si mi atracción inicial por el mundo del gimnasio se debía a un TDC latente, escondido en algún rincón de mi mente esperando emerger, o si fue precisamente esa cultura la que lo desencadenó. Es un ejemplo real del típico dilema sobre la «dirección de la causalidad» con el que se topan con frecuencia los investigadores en estudios del comportamiento. La relación entre el TDC y ciertos contextos deportivos también está envuelta en este dilema. Lo que sí está claro es que los mensajes «fitspiracionales», que glorifican un físico ideal, contribuyen a aumentar la ansiedad relacionada con la apariencia y fomentan patrones de comportamiento poco saludables.[94, 95, 96, 97, 98, 99, 100, 101, 102, 103]

Por eso es tan importante que elijas con cuidado a tus referentes e *influencers*. Ten criterio a la hora de elegir a quién sigues en redes sociales para así evitar exponerte a publicaciones que venden el ejercicio solo como una forma de verse mejor o más atractivo. Esto es clave, ya que los estudios indican que casi dos tercios de los cien *influencers* de *fitness más populares comparten contenido potencialmente perjudicial para la salud* física y mental. Y lo más preocupante de todo es que la mitad de ellos ni siquiera tienen una formación acreditada en salud.[104]

Desconfía también del contenido promocional que utiliza un lenguaje agresivo en torno al ejercicio, con frases como «*destruye* la grasa», «*machaca* tus abdominales» o «*elimina* los michelines».[105] Aunque no siempre, este tipo de expresiones suelen indicar un enfoque centrado en la estética extrema más que en la salud real. Pregúntate cómo te hace sentir cada *fitfluencer*: si su contenido te genera culpa o vergüenza, es motivo suficiente para dejar de seguirle. Llena tu *feed* con contenido que fomente el ejercicio por diversión, funcionalidad, fuerza y bienestar mental.[106]

Dicho esto, no hay nada malo en marcarse objetivos físicos o asumir retos ambiciosos. Tienes todo el derecho a querer hacer algunos cambios en tu cuerpo, y muchas personas lo hacen de forma totalmente saludable. El problema surge cuando esos cambios se persiguen desde la falta de aceptación. Si en algún momento te ves fantaseando con la idea de un cuerpo perfecto, es una señal de que debes hacer una pausa y revisar tus motivaciones.

Este mensaje cobra especial importancia para culturistas, competidoras de bikini *fitness* o, en realidad, para cualquier tipo de deportista. Cuando el cuerpo se convierte en la herramienta con la que trabajas, es aún más fácil caer en la tentación de objetivarlo y maltratarlo.[107, 108] Cuando cada derrota, crítica o contratiempo se percibe como algo personal, la línea que separa la mejora personal de la autodestrucción puede volverse muy difusa. Este fenómeno no se limita al ámbito del deporte: también ocurre en cualquier campo en el que uno mismo es el lienzo, como el mundo de la actuación o el modelaje. En mi caso, por ejemplo, un experimento fallido o una crítica dura a un libro me resulta algo más fácil de sobrellevar. Puedo decirme: «Lo que he creado es un fracaso», que es mucho más llevadero que pensar «Soy un fracaso». Fracasar nunca es divertido, pero es una realidad inevitable con la que tenemos que aprender a convivir. Las reacciones ante el fracaso pueden variar mucho; unas veces nos impulsan a mejorar de forma saludable y otras nos llevan a caer en hábitos dañinos o incluso a rendirnos por completo. Tomar cierta distancia psicológica respecto a los errores que cometemos ocasionalmente en el entrenamiento puede ayudarnos a proteger la autoestima. No solo nos hace sentir mejor, sino que también favorece respuestas más constructivas y orientadas al crecimiento personal. [109, 110, 111, 112, 113] Otros factores, como la mentalidad o la forma en la que te planteas los objetivos, también influyen mucho en cómo afrontas las dificultades.

La perfección es una meta imposible. Si eso es lo que te propones, fallarás siempre y es probable que acabes sintiéndote como un fracaso constante. Entonces, si la perfección no es un objetivo viable, ¿qué metas realistas podemos plantearnos en el camino hacia el bienestar físico?

A fuerza de ironía: cómo encontrarle el lado bueno al ejercicio

Pasé mi juventud sin una identidad clara ni una dirección concreta, así que toparme con el mundo del *fitness* fue, al menos, encontrar *algo*, un objetivo hacia el cual enfocarme. Tras una semana especialmente agotadora en mi trabajo de dependienta, me acerqué a mi entrenador, Chris, para pedirle consejo sobre cómo encontrar un buen curso que me permitiera sacarme el título de entrenadora personal. Pero él tenía otros planes para mí:

«No te conformes con un pequeño título —me dijo—. Métete en la universidad y haz una carrera. ¡Quién sabe! Quizá algún día acabes entrenando a atletas de élite». Un mes después, empecé la carrera de Ciencias del Deporte.

Aunque ese sueño de entrenar a deportistas de alto nivel nunca llegó a cumplirse, ese empujón hacia la universidad fue la puerta de entrada a un máster en neurociencia y me puso en camino hacia otras metas igual de ambiciosas. Y, aunque esa no sea la gran lección de esta historia, qué reconfortante es pensar en el impacto que puede tener una persona solo por creer en ti. (¡Gracias, Chris!).

Me llevé mis hábitos poco saludables con la comida y el ejercicio a la universidad, pero tuve la suerte de llegar a una clase llena de tipos grandes, fuertes y sin el menor interés en hacer dieta para adelgazar. También había varias chicas (entre las que no me incluía) que eran atletas y se enfocaban en ganar fuerza y velocidad, no en adelgazar. Aquello me inspiró, y por eso decidí apuntarme al equipo universitario de levantamiento de pesas. Poco a poco, de forma casi imperceptible, mis objetivos empezaron a cambiar, y comencé a ver mi cuerpo desde otra perspectiva.

Había invertido tanta energía en intentar hacerme más pequeña (literal y figuradamente) que la idea de crecer, de volverme más fuerte y capaz, resultaba profundamente liberadora. Cuando la báscula empezó a reflejar ganancias en músculo y fuerza, dejé de mirar las etiquetas nutricionales para contar calorías y empecé a buscar cuántos gramos de proteína tenía cada alimento. Los carbohidratos perdieron su mala fama en cuanto entendí que los necesitaba para rendir bien en los entrenamientos, [114, 115] y el gimnasio dejó de ser un castigo para convertirse en un espacio de conquistas. Cada vez que añadía un par de discos de kilo y medio a la barra, me sentía como una campeona, sobre todo después de varios años sin poder avanzar por culpa de la desnutrición y la falta de confianza en mí misma. Cambiar el chip (pasar de obsesionarme con estar delgada a centrarme en ponerme fuerte) me resultó mucho más fácil porque, además, me lo estaba pasando genial. Ese nuevo entorno, un gimnasio enfocado en el desarrollo de fuerza y el acondicionamiento físico, lleno de atletas sudorosos pero con buena energía, se convirtió en un sitio al que de verdad me apetecía ir. Eso no quiere decir que no hubiera días en los que llegaba cansada o sin ganas de entrenar; eso es normal en cualquier proyecto a largo plazo. Pero, en general, mi relación con el entrenamiento, el gimnasio y mis compañeros se basaba en el disfrute y el agradecimiento, no en la vergüenza ni el miedo. Si bien en el anterior gimnasio nadie había tenido conmigo actitudes desagradables, yo sentía una presión constante por encajar, por mostrarme siempre impecable, como si cada sesión de entrenamiento fuera un *casting* social. Me sentía ajena a ese entorno y siempre estaba buscando la aprobación de los demás. Cambiar de ambiente me ayudó a soltar toda esa ansiedad casi de la noche a la mañana. De repente formaba parte de un equipo, y me parecía algo increíble. Esta nueva perspectiva fue liberadora. Me gustan los conjuntos monos para entrenar, como a cualquiera, pero también había una cierta sensación de libertad en levantar pesas con pinta de niña victoriana pálida que ha pasado la noche rondando una mansión encantada. Si te gusta cómo suena, te recomiendo ir a un gimnasio de halterofilia pequeño e independiente.

Todos nos sentimos un poco cohibidos cuando probamos algo nuevo o nos metemos en terreno desconocido. Lo normal es que eso se pase con el tiempo, cuando encontramos nuestro ritmo y establecemos una rutina. Pero a veces, por mucho que lo intentemos, esas sensaciones de vergüenza o ansiedad no desaparecen. Si es tu caso, quizá merezca la pena que cambies de entorno. Esta filosofía no se limita a los gimnasios, sino que puede aplicarse a cualquier tipo de actividad física. Nuestro cerebro tiende a asociar fuertemente los lugares con nuestras experiencias emocionales. Si alguna vez has sentido ansiedad o inseguridad en un determinado gimnasio, es posible que tu cerebro active esas mismas emociones cada vez que vuelvas, incluso aunque ya no exista el motivo original. Un nuevo entorno te libera de esas asociaciones previas y te da la oportunidad de empezar de cero. La misma actividad puede sentirse completamente diferente si la haces en otro contexto. [116, 117]

No tienes por qué odiar el ejercicio. De verdad. Nos han machacado tanto con el mantra de «Sin dolor no hay recompensa» que hemos llegado a ver el ejercicio más como un castigo que como algo beneficioso. Es importante desafiarse a uno mismo, sí, pero no es lo mismo superar tus límites que empujarte hacia el sufrimiento. Si cada vez que vas a entrenar sientes que vas camino a la horca, no solo tendrás más ganas de dejarlo, sino que acabarás agotado mentalmente. El ejercicio debería ayudarte a levantar el ánimo y reducir el estrés, pero eso no ocurrirá si lo vives como un suplicio constante. [118, 119, 120]

Piensa en la última vez que hiciste algo simplemente porque te daba placer. Quizá fue volver a ver tu película favorita, explotar plástico de burbujas o comerte un tarro entero de cebollitas en vinagre. Eso es la motivación intrínseca en acción, y es el tipo de motivación que hace que quieras repetir. Cuando haces algo porque realmente te gusta, es mucho más probable que lo mantengas en el tiempo. [121, 122] ¿Por qué no puede ser así también con el ejercicio? La respuesta es que sí puede, claro. Cuando encuentras una rutina de ejercicio que disfrutas, pasa a formar parte de tu vida, en lugar de ser solo otra tarea más en una lista interminable de tareas pendientes.

Entrenar desde el rechazo hacia uno mismo (como me pasaba a mí cuando sufría TDC) es posible, pero tiene un precio muy alto. Cuando la motivación parte del sentimiento de no ser suficiente, es fácil acabar no solo desanimado, sino también agotado, tanto física como mentalmente. [123, 124, 125, 126, 127, 128] Y, así, aquello que debería ayudarte a mejorar tu salud mental puede acabar por dañarla.

Ver el ejercicio físico como un acto de cariño hacia el propio cuerpo cambia por completo la historia. Cuando te mueves desde el amor y no desde el castigo, cada sesión de entrenamiento se convierte en una celebración de lo que tu cuerpo puede hacer, no en un recordatorio de lo que no. Puedes caer en la idea de que ser duro contigo mismo hará que te esfuerces más, pero suele ocurrir lo contrario. Cuando te impulsa el amor propio, es más probable que confíes en tu capacidad de cambiar, que dejes de cometer siempre los mismos errores y que te mantengas firme en tus objetivos. [129, 130, 131, 132] Además, adoptar este enfoque también hace que sea más fácil levantarse después de un tropiezo. [133] Ya no entrenas porque odias tu cuerpo, sino porque te importa.

Idealmente, el ejercicio debería ser algo que te apetezca hacer, aunque sea de vez en cuando. No hace falta que te sientas exultante antes de cada sesión, pero tampoco deberías afrontarlas siempre con desgana. Una buena referencia es la regla de los tercios: si una tercera parte del tiempo te apetece entrenar, otra parte te resulta indiferente y solo en el resto lo haces a regañadientes, entonces vas por buen camino.

El deporte y el ejercicio no solo tienen la virtud de ser beneficiosos para la salud a nivel fisiológico y *divertidos* cuando encuentras la actividad adecuada (sí, al menos un tercio de las veces), sino que, además, tienen el potencial de transformar profundamente tu relación contigo mismo, siempre que puedas evitar la trampa de aspirar a un ideal físico inalcanzable.

Paso a paso: uno avanza, el otro se divierte

Durante el primer verano de entrenamiento para el maratón pude establecer una rutina, que incluía el ritual de acostarme pronto cada sábado para estar lista para las largas carreras del domingo. Todo iba sobre ruedas... hasta que, a mitad de verano, volvieron a la ciudad mis amigos del extranjero, justo a tiempo para un festival de cerveza que se celebraba un sábado por la noche. Así que, como era de esperar, aquella noche tranquila se transformó en una reunión entre colegas con cervezas de por medio.

No es que bebiera mucho, lo aclaro, pero tras varios meses sin probar una gota de alcohol y reírme sin parar hasta altas horas de la noche, a la mañana siguiente me desperté sintiéndome, digamos, *fatal*. Quizá la decisión más sensata hubiera sido dejar para otro día la sesión de 16 kilómetros que tenía prevista o, al menos, esperar hasta que se me pasara el dolor de cabeza. Pero eso hubiera implicado reorganizar toda la semana de entrenamiento y la sola idea de correr tantos kilómetros un lunes por la mañana me apetecía aún menos que el estado en el que me encontraba. Así que decidí salir a correr igual, contra viento y marea, o, en este caso, contra la resaca y las náuseas.

Con la cabeza palpitando y el estómago revuelto, me arrastré hasta la Rivière St. Charles, un precioso circuito de 10 kilómetros que habría sido increíble si no me hubiera sentido como una muerta en vida. Fue, sin duda, la peor carrera de mi vida. Tuve que negociar cada zancada con mi cuerpo, que lo único que quería era tumbarse en una habitación oscura y olvidarse de todo. El sol brillaba demasiado, el recorrido se me hacía eterno y los golpes de mis pies en el suelo se sincronizaban a la perfección con los martillazos dentro de mi cráneo. En. Cada. Maldito. Paso. Debía de tener tan mala cara que, en lugar de los saludos habituales, los corredores que me cruzaba me miraban con auténtica preocupación. Y aun así, no sé cómo, conseguí terminar. Mientras volvía a casa por las calles de Limoilou con todos los músculos en pie de guerra, me di cuenta de algo: no me había rendido. A pesar del dolor, de la resaca y de las ganas que tenía de tirarme en un banco y esperar a que todo acabara, terminé la carrera. «¡Vaya! —pensé—. Parece que soy de las que no se rinden. No tenía ni idea».

Hace unos meses, me topé con un tuit de la usuaria @lauren_wilford que capturaba a la perfección lo que sentí aquel día de la carrera infernal: «Ver cómo tu cuerpo es capaz de hacer algo que antes no podía es un mensaje visceral e innegable para tu subconsciente: el cambio es posible».[134] Aquel día, y cada vez que mi cuerpo consigue hacer algo que antes no podía, recibo un poderoso mensaje que cala hondo en mi psique: si puedes hacer esto… ¿qué más podrías llegar a hacer?

El deporte y el ejercicio pueden ayudarte a descubrir de qué estás hecho y cuestionar todas esas cosas terribles que llevas años repitiéndote. Al fin y al cabo, la mejor manera de conocernos es observar cómo actuamos, y los retos físicos nos brindan una oportunidad única para mostrar lo mejor de nosotros mismos. Me gustaría animarte a que te plantees un objetivo ambicioso en este ámbito; uno que, al alcanzarlo, te transmita ese «mensaje visceral e innegable» de que el cambio es posible. Ahora bien, también sé que no todo el mundo se siente cómodo con esa idea. Hay muchas formas de moverse sin necesidad de enfundarse unas mallas de licra ni seguir un plan de entrenamiento, si eso no va contigo. Pero, para quienes sí estéis dispuestos, puedo deciros que mis (modestísimos) logros deportivos han tenido un impacto muy positivo en mi vida y en mi identidad, en parte porque ampliaron mi percepción de lo que soy capaz de hacer.

Menos mal que el apocalipsis zombi no llegó antes de 2018, porque, sinceramente, no habría podido correr ni cinco minutos para salvarme. Antes de cumplir los veintiocho, la idea de verme corriendo (y ni hablar de entrenar para un maratón) me resultaba ridícula. Pero convertí ese absurdo en realidad cuando sentí que necesitaba un nuevo reto más allá de las pesas. Ahora tengo treinta y cuatro y, aunque ya no esté lista para correr un maratón, me gusta no tenerle miedo a correr… ni a la amenaza constante de un apocalipsis zombi. *¿Acaso los zombis vienen preparados para correr maratones?*

Es muy fácil mirar a nuestro alrededor, comparar nuestra vida con la de los demás y convencernos de que sus logros están fuera de nuestro alcance. Es tentador ver pasar a esa multitud sudorosa enfundada en licra por delante de tu ventana y asumir que nacieron para el deporte. Pero, como una antigua fan incondicional de los sándwiches de salchichas convertida en atleta aficionada, te aseguro que la mayoría eran, como yo, personas normales con hábitos normales que un día decidieron calzarse unas zapatillas y ver hasta dónde podían llegar. Linda, que es como mi segunda madre, empezó a correr a los cincuenta y cinco años con el programa de entrenamiento «Del sofá a los 5K», y no ha parado desde entonces. No importa de dónde partas; siempre hay un camino que lleva al mundo del deporte y el ejercicio. Así, que si hay siquiera una parte minúscula de ti que sueña con ser una versión más deportista de ti mismo…, dale una oportunidad. ¡Quizá te sorprendas!

Un error muy común entre quienes acaban de empezar es lanzarse de cabeza a un plan de entrenamiento que, aunque técnicamente se adapta a su nivel, en realidad requiere una resistencia más propia de alguien con experiencia. Con el tiempo, se producen ajustes emocionales y psicológicos que acompañan al entrenamiento constante y que van reduciendo esas señales internas de «Por favor, que pare ya» cuando llevas tu cuerpo al límite. [135, 136, 137, 138]

Lo veo cada mes de enero en el gimnasio y es un fenómeno que, por desgracia, se agrava con ciertos entrenadores con un enfoque muy comercial. No hay nada que me irrite más que ver cómo someten a un grupo de principiantes sin nada de preparación a un circuito de alta intensidad. Es una forma infalible de conseguir que la mayoría acabe odiando el ejercicio más aún que antes de empezar. Ese recuerdo del sufrimiento y la sensación de no estar a la altura pueden condicionar para siempre la relación de una persona con el deporte. [139]

Si pensamos en estas sesiones de circuito en concreto, están compuestas de ejercicios que combinan el agotamiento del cardio intenso con la carga mental del entrenamiento de fuerza, que requiere realizar movimientos técnicos complejos y prestar mucha atención para mantener una buena postura. ¡Qué horror! Para alguien que está empezando es un plan terrorífico. *Si alguna vez has sido víctima de uno de esos entrenadores de gimnasio con su «¡Vamos, tú puedes!», quizá tengas derecho a una indemnización (esto último, por motivos legales, es una broma).*

Tus primeros pasos en el deporte y el ejercicio deberían centrarse en establecer una rutina y crear una especie de «fase de luna de miel» para que te enamores del proceso. Me apresuro a comentarles a esos principiantes a los que meten en sesiones de circuito, que podrían obtener casi los mismos beneficios fisiológicos con una caminata en cinta de 30 minutos a buen ritmo y con algo de inclinación mientras ven Netflix, seguida de 30 minutos de ejercicios de fuerza con máquinas. La diferencia es que, en este caso, saldrían del gimnasio pensando: «Bueno, tampoco ha sido para tanto», y seguramente volverían a la siguiente sesión con menos necesidad de autoengañarse y mucho menos miedo.

También solemos olvidar que moverse y hacer ejercicio no tiene por qué implicar el entrenamiento ni la búsqueda del rendimiento deportivo. Podrías cumplir perfectamente tu objetivo de «moverte» tan solo jugando. Y no me refiero solo a lo obvio, como salir a caminar al sol o montar en bici por el parque, también puedes poner un poco de jazz con ritmo rápido y enérgico, y ponerte a bailar en el salón con tu pareja. *Y si eso acaba derivando en otro tipo de movimiento que requiera la asistencia de tu pareja…, pues mejor, doble beneficio.*

Puedes montar un tobogán improvisado en el jardín y jugar con tus hijos o incluso con tus amigos (después de todo, hacer el tonto no está reservado para niños y padres). Puedes sacar tizas y jugar a la rayuela en la acera; organizar un concurso de girar el aro; lanzar el disco en el parque; volar una cometa en la playa, o jugar al escondite en la oficina a la hora de comer. Prometí que empezarías a ver al ejercicio como un acto de libertad, y ¿qué mejor forma de que tu cerebro lo relacione con eso que haciendo el tonto solo por el placer de moverte?

Esa es la gracia justamente. No hace falta volverse un fanático del *fitness* para reconectar con ese legado evolutivo. Solo hay que moverse más, de la forma que te resulte más natural y placentera. Quizá no te hayas percatado, pero los humanos no somos, ni de lejos, los campeones del reino animal en términos físicos. No somos los más rápidos, ni los más fuertes, ni los más ágiles. No escalamos acantilados como las cabras montesas, ni rompemos récords de velocidad como los guepardos. En realidad, no somos los mejores en nada. Pero se nos da *bastante bien* hacer un poco de todo.

¿Necesitas arrojar una lanza? Sin problema. ¿Enhebrar una aguja? Hecho. ¿Agitar los brazos con desesperación después de pisar una pieza de Lego? Por supuesto. Podemos levantar peso, esprintar, cargar cosas, trepar, saltar, agarrar, patear, lanzar, caminar, nadar… ¡Hasta hacer *twerking* si hace falta! Nuestro cerebro y nuestro cuerpo están diseñados para moverse, en el sentido más amplio de la palabra. Y hay mil formas de hacerlo, así que elige una que te guste.

En un mundo donde el movimiento se ha convertido en producto y ritual, muchas veces se le arrebata la alegría y la espontaneidad que lo hacen una parte natural de nuestra existencia. Y eso no solo es una pena por lo tedioso que puede volver nuestras rutinas, sino porque también nos hace perder la oportunidad de conectar con todo ese potencial (muchas veces olvidado) que tiene el movimiento cuando es lúdico. Como hemos visto, moverse, en su forma más auténtica, es un acto de libertad.

Estés donde estés en tu camino hacia una vida más activa, debes hacerte cargo de que tu cuerpo es una parte de tu ser. Tu cuerpo no es un objeto, ni una máquina; es tejido vivo, falible, vulnerable a ciclos de salud, enfermedad, lesión y dolor. Cuando tu cuerpo sufre, tú sufres. Cuando siente dolor, tú también lo sientes, porque tu cuerpo es una parte intrínseca de tu ser. Y esta idea puede sonar tan obvia que hasta parezca innecesario traerla a colación, pero teniendo en cuenta que formamos parte de una sociedad que tiende a objetivar los cuerpos, es importante que la recordemos.

Los cuerpos existen en todas las formas, tamaños, estructuras y capacidades imaginables. Si bien tenemos cierto nivel de control sobre nuestra apariencia, la mayoría no puede «elegir» tener un cuerpo perfecto. Y, aunque lo consigas, alcanzar lo que se entiende por «cuerpo perfecto» no cambia quién eres realmente. Cuando tu cuerpo sufre, tú también sufres. Cuando tu cuerpo es estéticamente perfecto, tú no te conviertes en un ser humano perfecto por extensión. Y, sin embargo, mucha gente se llena los bolsillos convenciéndote de lo contrario.

Elige moverte porque tú (y tu cuerpo) tenéis derecho a hacerlo; es parte de tu herencia evolutiva. Ponte objetivos *fitness* por el placer y el respeto propio que vienen de conseguir algo que creías imposible. Haz ejercicio por la libertad de jugar, de hacer el tonto sin importar tu edad. Porque, al final, la mejor forma de mantenerse activo es seguir moviéndote… y disfrutar de (casi) cada paso del camino.

Resumen del capítulo

Empieza poco a poco. Incluso las actividades de baja intensidad, como caminar a paso ligero, pueden mejorar el funcionamiento del hipocampo y estimular la neurogénesis. Comienza con objetivos sencillos para crear el hábito de moverte.

Ten cuidado con las trampas de la cultura del *fitness*. Evita compararte con estándares poco realistas, sobre todo en redes sociales. Céntrate en crear hábitos saludables y sostenibles, no en perseguir modas ni cuerpos ideales.

Cambia el foco: ve más allá de lo estético. No hagas ejercicio solo para cambiar tu aspecto físico. Lo importante es concentrarse en cómo te hace sentir: más fuerte, más sano, más equilibrado tanto física como mentalmente.

Busca la motivación dentro de ti. El ejercicio no debería sentirse como un castigo. Intenta desarrollar una actitud donde moverse sea un acto de cuidado, diversión y crecimiento personal, no una obligación.

Disfruta del movimiento. Haz actividades que realmente te gusten. Ya sea bailar, jugar con tus hijos o dar un paseo, el ejercicio no tiene por qué ser intenso ni doloroso.

A la hora de moverte, hazle espacio al juego. El movimiento lúdico y espontáneo refuerza una relación positiva con la actividad física. Busca formas de incluir el juego y el humor en tu actividad física para asociarla con sensaciones positivas.

Escucha las necesidades de tu cuerpo. Tu cuerpo no es una máquina. Sé consciente de cómo lo sientes y evita llevarlo al límite del agotamiento. Alterna esfuerzo con descanso y trátate con compasión.

Yo, yo mismo y el wifi: manual de supervivencia *online*

¿Recuerdas los últimos años de la década del 2000? El mundo parecía estar al borde de algo extraño y emocionante. Estábamos en el pleno auge de los vaqueros ajustados, los toques de Facebook y los peinados hacia un lado. The Black Eyed Peas lanzaba *I Gotta Feeling*, una canción que, por algún motivo desconocido, sonaba constantemente en todas partes. YouTube empezaba a despegar con el vídeo de Charlie, el mordedor de dedos, y el *Rickrolling* nos acechaba en cada clic, un riesgo que asumíamos con valentía mientras hacíamos cola en las tiendas de Apple para comprar nuestros primeros *smartphones*. La revolución digital había llegado.

Por aquella época, una encuesta planteó la pregunta: «¿Cómo ha cambiado tu vida Internet?»,[1] capturando así a una sociedad que empezaba a adaptarse a las nuevas posibilidades digitales. La posibilidad de reconectar con viejos amigos o la comodidad de comprar por Internet fueron las respuestas más habituales. La que más se repitió, sin embargo, fue que Internet había cambiado la forma en la que accedemos a la información. De repente, el conocimiento del mundo estaba a un clic de distancia, un cambio que despertó una gran inquietud sobre cómo podrían estas herramientas digitales reconfigurar nuestra mente.

Ya en 2005 surgieron las primeras voces de alarma. El estudio «Infomanía» de Hewlett Packard advertía que recibir un correo electrónico no solo nos distraía, sino que reducía nuestro cociente intelectual en diez puntos. Sí, has leído bien: ¡diez puntos! *¡por un correo!* Esta audaz afirmación causó mucho revuelo y llegó a medios como *BBC News*,[2] *Forbes*[3] o *New Scientist*.[4] Titulares como «La infomanía reduce más el CI que la marihuana» o «Cuidado con la infomanía» sembraron la preocupación. Sin embargo, a pesar de toda esta difusión, los métodos y resultados completos del estudio nunca vieron la luz del día. Si tratas de buscarlos hoy, quedarás atrapado en un bucle de artículos que se citan unos a otros. El psicólogo Glenn Wilson, citado como principal responsable del estudio, acabaría desvinculándose del proyecto: «Este estudio sobre la infomanía ha sido la pesadilla de mi vida. HP me contrató durante un día como asesor en una campaña de relaciones públicas, y nunca imaginé hasta qué punto se exageraría en los medios, ni que se me atribuiría tanta responsabilidad».[5, 6]

El hecho de que un estudio no publicado y realizado de forma privada acaparase tanta atención mediática no es ninguna sorpresa. Y menos aún que gran parte del revuelo se propagase por Internet, a través de medios digitales y blogs personales. Pero hay algo casi poético en todo eso: Internet nos advierte sobre los peligros de Internet al amplificar afirmaciones que no han sido verificadas (y probablemente sean falsas) sobre el propio Internet. Es como una sala de espejos que devuelve una imagen distorsionada de sí misma, y al mismo tiempo deja al descubierto una de las amenazas más serias de la información *online*: las mentiras se propagan más rápido y llegan más lejos que la verdad.[7]

Las mentiras que circulan por Internet van desde lo banal hasta lo nocivo. Los filtros convierten rostros comunes en ideales inalcanzables, mientras que las noticias falsas manipulan la percepción pública y tienen grandes repercusiones en la política. Algunos *influencers* muestran una versión perfectamente coreografiada de la vida en pareja, mientras que supuestos expertos en salud difunden información falsa que puede poner en peligro la vida de las personas. Cada mentira se acumula sobre la anterior, creando una realidad paralela en la que casi cualquier cosa puede pasar por cierta. Pero ¿por qué estamos tan dispuestos a creérnoslo? Y, más aún, ¿por qué mentimos en primer lugar?

Por muy racionales que nos creamos, la realidad es que nuestro cerebro se guía por las emociones. Y nada capta mejor nuestra atención que la vergüenza, la soledad, el miedo o la rabia.[8, 9, 10, 11, 12, 13] Los algoritmos aprenden rápido, y saben detectar y explotar con precisión quirúrgica nuestras vulnerabilidades. Y así es como caemos en la red: cuanto más deslizamos el dedo en la pantalla, más sentimos; cuanto más sentimos, más necesidad tenemos de seguir deslizando. En respuesta, empezamos a mentir (a los demás y a nosotros mismos), reescribiendo nuestro diálogo interno para justificar las emociones que están siendo utilizadas en nuestra contra. Y, cuando la ficción ajena encaja con la nuestra, se forma un pacto tácito, casi inconsciente: yo valido tu distorsión si tú validas la mía, y juntos construiremos una realidad donde nuestras inseguridades parezcan justificadas; nuestros miedos, racionales, y nuestra rabia, legítima. Y así, poco a poco, y de manera inconsciente, las mentiras se empiezan a acumular. Hasta que, sin darnos cuenta, nos encontramos viviendo en un mundo creado por nosotros mismos donde nuestras decisiones y creencias se basan más en la necesidad emocional de validación que en pruebas reales.

Es fácil culpar a la tecnología, como si hubiera una fuerza fría y calculadora manipulándonos desde detrás de la pantalla. Pero no es así. Internet es una extensión de los millones de mentes humanas que la han usado y moldeado. Es nuestra. Somos nosotros. No estamos luchando contra máquinas, sino contra nosotros mismos. Las mayores amenazas a las que nos enfrentamos en línea son precisamente aquellos rasgos de la cognición humana que a menudo nos negamos a reconocer: los sesgos, los atajos mentales y las reacciones impulsivas que nos arrastran al ruido. Pero podemos aprender a dirigir nuestra mente con intención y, al hacerlo, recuperar el control que sin darnos cuenta hemos cedido a la economía de la atención.

¿Internet nos está haciendo más tontos?

El estudio sobre la infomanía despertó tanto interés porque apelaba a un temor muy humano: el miedo a lo desconocido.[14] Las nuevas tecnologías intelectuales siempre han generado esta clase de reacciones, desde el año 370 a. C., cuando Sócrates lamentaba la expansión de la escritura. Curiosamente, el único motivo por el cual lo sabemos es porque aparece citado en el *Fedro* de Platón, donde afirma: «Esto producirá el olvido en las almas de quienes lo aprendan, porque dejarán de ejercitar la memoria; confiarán en los caracteres escritos y no recordarán por sí mismos».[15] En el siglo xix, algunos críticos del telégrafo sostenían que los intercambios rápidos a larga distancia acabarían con nuestra capacidad para tener charlas profundas.[16] Y, cien años más tarde, nos preocupábamos por si la televisión nos atrofiaría el cerebro.[17] La versión actual es que Internet, los *smartphones* y la inteligencia artificial (con su avalancha constante de información) nos volverán unos estúpidos. Si bien algunas de estas inquietudes están fundadas, la mayoría no son más que versiones recicladas de viejos temores. Es cierto que las investigaciones relacionan el uso de Internet con ciertos cambios en la cognición, pero, si examinamos los detalles en mayor profundidad, queda claro que el problema no es el acceso a la información, sino la exposición continua a la distracción.

Mientras investigaba para escribir este capítulo, hubo un artículo que aparecía una y otra vez: *Google Effects on Memory: Cognitive Consequences of Having Information at Our Fingertips* («El impacto de Google en la memoria: las consecuencias cognitivas de tener la información siempre al alcance de la mano»).[18] En numerosos artículos se cita como prueba de que el acceso a la información digital debilita la memoria, ya que nos volvemos dependientes del almacenamiento externo.[19, 20, 21] Una idea que refleja de manera muy similar los temores de Sócrates sobre la escritura. Sin embargo, el título del estudio es un poco engañoso. Uno podría pensar que se comparó el rendimiento de los participantes con y sin acceso a Google, pero, en realidad, Google no formó parte del experimento. A los participantes se les presentaban datos aleatorios en un ordenador sin conexión, y luego se evaluaba cuánto eran capaces de recordar. Quienes creían que la información se eliminaría retuvieron un 31 %, mientras que los que pensaban que se guardaría en una carpeta del escritorio recordaron solo un 22 %. Es aquí donde conviene tomar distancia y observar el panorama completo.

Los recuerdos no se forman aleatoriamente: el cerebro los almacena cuando existe una buena razón para hacerlo. Quizá eso de «buena razón» sea relativo, porque (como seguro ya has notado) el cerebro no siempre está de acuerdo contigo sobre qué es importante recordar. Aun así, el hipocampo y la corteza prefrontal trabajan juntos para evaluar la relevancia y el contexto de la información y decidir si merece la pena conservarla.[22] Parece mucho suponer que vayan a reaccionar ante toda la información que hay en Internet de la misma forma que ante una lista aleatoria de datos en un experimento de laboratorio. Supongamos que te topas con un titular sobre Taylor Swift mientras haces *scroll*: tus probabilidades de recordarlo más tarde dependerán directamente de cuánto te interese el tema. Si eres un *swiftie* acérrimo, es muy probable que lo recuerdes. Si no, probablemente lo olvides. Cuando la información se relaciona con algo que nos importa (el trabajo, nuestras pasiones o experiencias) tiene más peso neurobiológico: activa una cascada de señales que aumentan las probabilidades de que el cerebro almacene ese recuerdo. [23, 24, 25, 26]

Ahora bien, tampoco conviene quitarles valor tan rápido a los resultados de ese falso estudio con Google. Los participantes recordaban menos cuando sabían que la información se guardaría en su ordenador. ¿No sugiere eso que, de forma inconsciente, delegamos parte de la memoria en nuestros dispositivos? Podría ser, pero este modo de actuar no es exclusivo de la era digital. A modo de ejemplo, en un estudio se examinó cómo influyen las dinámicas de equipo en el aprendizaje, y ese mismo fenómeno se mostró en un entorno totalmente analógico. [27] A los participantes se les pidió memorizar una lista de palabras relacionadas con el trabajo, creyendo que formaban parte de un equipo de dos personas. Cuando les decían que su compañero tenía un rol similar, memorizaban palabras de todas las categorías. Pero si pensaban que era de otro departamento, se centraban en recordar solo las más relevantes para su especialidad, confiando en que el compañero (que en realidad no existía) haría lo mismo con su parte. Delegamos la carga de la memoria cuando tiene sentido hacerlo. En realidad, la memoria nunca ha consistido simplemente en almacenar datos por nuestra cuenta; siempre se trató de un proceso compartido, moldeado por nuestras relaciones y el entorno. Es una estrategia inteligente, propia de una especie cooperativa como la nuestra, que también estamos dispuestos a aplicar con entidades no humanas. Si lo pensamos bien, somos expertos a la hora de delegar: le pedimos al perro que nos traiga las zapatillas, a las palomas que lleven mensajes e incluso confiamos en poleas y palancas para levantar peso. No es que no podamos hacerlo por nuestra cuenta, sino que preferimos ahorrar tiempo y energía.

Y es que ahorrar energía es clave para el ser humano, tanto en su comportamiento como en el funcionamiento del cuerpo. Y precisamente por eso *no* lo memorizamos todo. Si lo hiciéramos, el cerebro se saturaría intentando archivar cada detalle de nuestras vidas y consumiendo una cantidad de energía enorme en el proceso. Olvidar no es un error, es una función que trabaja en silencio para mantener nuestra mente despejada. Eso nos permite dedicar nuestra capacidad mental a otras cosas, como establecer conexiones significativas entre los recuerdos que sí conservamos. Ahí está la magia de la cognición humana: no estamos hechos para recordarlo todo, sino para entender. Así que tienes todo mi permiso para liberar espacio en la memoria y dejar fuera lo que no te hace falta. Así como confías en que tus compañeros de trabajo recuerden los nombres y el café favorito de sus propios clientes, puedes dejar que sea Internet quien se encargue de catalogar toda la filmografía de ese actor que te suena pero no sabes de dónde.

Otro temor muy común es que buscar y leer información en una pantalla no activa el cerebro con la misma profundidad que pasar las páginas de un libro físico. Y, en parte, es verdad. Algunos estudios sugieren que buscar información en Internet puede hacer que la recordemos con menos precisión que si la hubiéramos consultado en una enciclopedia.[28] Pero, de nuevo, hay que tener en cuenta los detalles. Cuando pasamos del papel a la pantalla, también cambia la forma en la que interactuamos con la información, y eso introduce una nueva variable: el tiempo. Las búsquedas *online* arrojan resultados instantáneos, pero esa velocidad puede saturar nuestra memoria de trabajo, que es como una pizarra mental donde almacenamos y manipulamos datos en tiempo real. La memoria de trabajo tiene un límite, y, si escribimos demasiado rápido, las ideas pueden mezclarse y perderse.[29] En cambio, la lentitud de buscar algo en un libro se ajusta mejor al ritmo natural del cerebro para absorber información. Esa pausa al hojear crea un momento en el que la memoria de trabajo puede vaciarse y algunas ideas pueden pasar a la siguiente fase: convertirse en recuerdos a corto plazo. La lección aquí no es que Internet sea una amenaza para la memoria, sino que opera a una velocidad mucho mayor que la nuestra. Y, como nosotros no podemos acelerar, será Internet quien tenga que reducir su ritmo..., lo cual, por suerte, no parece molestarle. Ahí está, paciente, con una calma zen inquebrantable, esperando a que lances otra búsqueda cuando te venga bien. *¡Bien hecho, Internet! *Le da unas palmaditas a la pantalla.* ¿Quién es mi pequeña entidad paciente y no sintiente?* Si estás buscando información en línea, reduce la velocidad. Cada cierto tiempo, aléjate de la pantalla y mira al infinito durante unos segundos. Levántate, estírate un poco y hunde la cara en la barriga del gato más cercano. La idea es hacer pausas que no exijan que tu cerebro siga trabajando. Pero ¿qué es lo que solemos hacer cuando tomamos un descanso? Sacamos el móvil y seguimos haciendo *scroll*, lo cual es un poco como parar en mitad de una maratón para correr unos cuantos *sprints* de 100 metros.[30] No le das al cerebro la oportunidad de recuperarse porque sigue procesando información nueva.[31]

Las neuronas son sorprendentemente exigentes. Necesitan un suministro constante de oxígeno y glucosa para funcionar de forma correcta y, cuando se las sobrecarga, acabas notando el peso de su fatiga.[32, 33] No es que te quedes sin esos recursos; de hecho, el consumo energético total del cerebro se mantiene bastante estable. Lo que cambia es cómo se distribuyen, ya que el cerebro redirige la energía hacia las zonas que más la necesitan en cada momento. Nuestro cerebro está diseñado para alternar tareas, aprender cosas nuevas y activar distintas reservas cognitivas.

Pero cuando pasamos todo el día delante de una pantalla, ya sea trabajando o haciendo *doomscrolling*, el oxígeno y la glucosa se concentran siempre en las mismas regiones. Las neuronas no solo consumen recursos, sino que también generan residuos metabólicos.[34] Y, aunque el cerebro cuenta con un sistema de limpieza incorporado, este no se acelera solo porque las neuronas estén sobrecargadas: los residuos se acumulan y tú empiezas a sentirte mentalmente agotado.[35, 36] Este proceso ocurre más rápido de lo que parece, por eso se recomienda hacer pausas y alejarse de la pantalla cada 30-90 minutos.[37, 38, 39]

A menudo nos advierten de que nuestra capacidad para recordar se está deteriorando, que el *acceso fácil* a la información supone un peligro en sí mismo. Pero hay un componente moral en este discurso. El mensaje implícito es que el esfuerzo es virtuoso, y que solo aquello que cuesta merece realmente la pena. Y ahora resulta que adquirir conocimiento se ha vuelto «demasiado fácil». El problema de este enfoque moralizante es que difumina la línea entre lo que nos han enseñado que está mal y lo que realmente lo está. No es que nuestro cerebro se esté volviendo más perezoso por culpa de Google o el *scroll* infinito, más bien todo lo contrario: está haciendo horas extra para intentar seguir el ritmo de un flujo de datos constante. Hoy en día generamos más información que en ningún otro momento de la historia, y con ello llega también la presión de consumirla sin descanso. Lo que está en juego no es tanto la memoria como la atención, que se estira al máximo mientras intenta repartirse entre mil estímulos distintos a la vez.

Vivir con la pantalla dividida

La atención es limitada. Es una moneda que a veces usamos de forma consciente y otras, irresponsable. Cada vez que buscas un actor en IMDb, pasas una publicación en Instagram, lees un tuit, respondes a un mensaje o haces una consulta a ChatGPT, estás dedicando parte de tus recursos mentales. Tu cerebro se toma el trabajo de hacer la limpieza por ti, y elige olvidar aquello que considera que no vas a necesitar. Pero aliviar la carga de atención depende de ti. Y esto implica saber cuándo debes parar, cuándo resistirte a la tentación de abrir otra aplicación o hacer clic en un enlace más. ¿De verdad *necesitas* preguntarle a ChatGPT de qué están hechas las uñas de los pies? ¿O perderte en una cadena infinita de enlaces de Wikipedia? ¿Vale la pena dedicar los únicos quince minutos de descanso que tienes a deslizar el dedo a izquierda y derecha sobre una galería interminable de caras sin contexto?

Con el mundo entero concentrado en una pantalla, es fácil creer que puedes abarcarlo todo con la punta de los dedos. Nos dejamos arrastrar por este flujo constante de distracción, en parte porque nos resistimos al aburrimiento. Nos molesta mucho, *mucho*, el aburrimiento. De hecho, huimos de él casi con desesperación. Puede parecer exagerado, pero hay un estudio que lo ilustra a la perfección:[40] se pidió a los participantes que pasaran quince minutos a solas con sus pensamientos y un botón con el que podían darse descargas eléctricas. Lo único que tenían que hacer era quedarse sentados y pensar y, aun así, más de la mitad decidió darse una descarga. Uno, especialmente inquieto, llegó a pulsar el botón unas 190 veces en ese breve intervalo. ¡190 veces! Uno se pregunta en qué estaría pensando…, si es que pensaba en algo llegado ese punto. Si me estás leyendo, señor de las 190 descargas, quizá pueda convencerte de que le des una oportunidad al aburrimiento.

El aburrimiento es una de las experiencias humanas más importantes. Es ese empujón que nos levanta del sofá y nos lleva a tomar un poco de aire fresco. Es lo que por fin nos impulsa a llamar a ese amigo con el que llevamos tiempo queriendo hablar.

Es lo que nos anima a aprender cosas nuevas, ya sea programación, cocina, hacer punto, robótica, lo que sea. El aburrimiento es como un *ábrete sésamo* que desbloquea partes de nosotros mismos que de otro modo no descubriríamos. Y, sin embargo, muchas veces lo tapamos haciendo *scroll* en TikTok, Instagram o la aplicación que tengamos en la pantalla de inicio. La próxima vez que caigas en esa dinámica, deja el móvil. Quédate con el aburrimiento. Déjalo reposar y observa adónde te lleva.

Hacer *scroll* por aburrimiento no genera un compromiso real,[41] simplemente llena el vacío el tiempo suficiente como para impedir que el aburrimiento cumpla su función: impulsarnos a la acción. Esto se refleja en nuestra tendencia al *multitasking* digital, esa costumbre de ir saltando de una actividad digital a otra. Ver la televisión mientras navegamos por el móvil es un ejemplo habitual, pero a menudo nos encontramos haciendo tres o más tareas digitales al mismo tiempo. Podemos tener una película de fondo, ojear un artículo en el iPad, responder mensajes de forma intermitente con un amigo y hacer *scroll* por Instagram casi sin pensar, todo a la vez. Un ataque por múltiples frentes contra nuestro pobre cerebro.

En el fondo, esto responde a una tendencia natural: siempre estamos en la búsqueda del estímulo. Los primeros humanos pasaban la mayor parte del tiempo buscando alimento y refugio, así que es probable que no tuvieran mucho tiempo para aburrirse. Una vida dedicada a la supervivencia implica un estímulo constante: tareas exigentes desde el punto de vista físico y variadas a nivel mental. Es posible que hayamos desarrollado la capacidad de aburrirnos precisamente porque nuestro cerebro en evolución se acostumbró a ese flujo constante de actividad. O quizá el aburrimiento ofrecía una ventaja evolutiva, ya que empujaba a nuestros antepasados a actuar, a explorar, a buscar plantas medicinales... o incluso a coquetear con una posible pareja. [42, 43]

Hoy también hacemos malabares con múltiples tareas, pero la mayoría tienen poco que ver con aquellas actividades que estaban ligadas a la supervivencia. Nuestras luchas diarias consisten en sobrevivir a una jornada entera de reuniones por Zoom o encarar la interminable montaña de ropa sucia. Vivimos atrapados en una sucesión de tareas rutinarias que rara vez nos ofrecen una sensación de logro o satisfacción intelectual. Y, para compensar, apilamos dispositivos y dispersamos nuestra atención entre una multitud de pantallas brillantes. El problema es que nuestros cerebros no están diseñados para eso. Hacer *multitasking* entre distintos medios exige a nuestros sistemas de atención algo para lo que la evolución no los preparó: concentrarse en varias cosas a la vez.

Los sistemas atencionales moldean nuestra realidad, ya que determinan a qué prestamos atención y qué dejamos pasar. La mayor parte del tiempo, estos procesos ocurren de forma inconsciente y son los que deciden qué información llega a la conciencia. Esa selección corre a cargo del filtro atencional, que por lo general trabaja detrás de escena y decide, sin que apenas lo notemos, qué detalles del día a día llegan realmente a nuestra percepción.[44] Por eso no prestamos atención al sonido del refrigerador o recorremos el camino al trabajo casi en piloto automático: el filtro atencional los silencia.[45] Sin ese filtro, estaríamos paralizados, en un estado de fatiga mental constante, intentando procesar cada estímulo del entorno.[46] Pero cuando saltamos de una tarea a otra constantemente (sobre todo entre actividades que requieren concentración, como revisar redes sociales o contestar correos), acabamos saturando ese filtro.[47] Cada vez que cambiamos el foco, el cerebro tiene que desconectarse de una tarea y engancharse a la siguiente, lo que merma nuestra capacidad de concentración intensa.[48, 49, 50]

El cerebro no está diseñado para hacer varias cosas al mismo tiempo, así que empieza a aprovechar los beneficios de hacer una tarea a la vez. Enfócate en una sola actividad, incluso en el trabajo. Eso puede significar que tengas que reservar unas franjas del día solo para atender mensajes de Slack o correos. Y si no te queda otra que hacer varias cosas a la vez, intenta al menos aligerar la carga eliminando todo lo que puedas. En los humanos, la vista es la principal vía de acceso al mundo, por eso recibe un trato preferente del filtro atencional. Dado que aprendemos, nos orientamos e interactuamos sobre todo a través de lo que vemos; los estímulos visuales se convierten en grandes consumidores de nuestros recursos cognitivos. Los perros, en cambio, experimentan el mundo a través de su poderoso sentido del olfato. Si alguna vez has llamado varias veces a tu perro sin éxito porque está absorto oliendo algo, no es que ya no te quiera: es su filtro atencional priorizando el olor sobre el sonido. Así que, si no puedes evitar hacer varias cosas a la vez, intenta al menos reducir la cantidad, en especial las tareas visuales. Escucha un pódcast mientras cocinas en lugar de ver una serie, por ejemplo. Dale a tu cerebro espacio para centrarse en menos estímulos visuales.

Hay otra consecuencia, más sutil, de este vaivén digital constante: cuando no ponemos toda nuestra atención en algo, somos menos propensos a cuestionar lo que vemos. Hacer *multitasking* no solo agota el cerebro, sino que también debilita nuestras defensas intelectuales.

Morder el anzuelo ¿sin pensarlo?

A principios de los años setenta, cuando el flujo de información venía marcado por el ritmo de la imprenta y las conversaciones cara a cara, dos psicólogos dieron con una idea sorprendentemente visionaria. John Keating y Timothy Brock propusieron que, cuando las personas están distraídas, es más probable que acepten

sin cuestionar la información que se les presenta. [51] No lo plantea-
ban desde el cinismo; imaginaron que ciertas distracciones estra-
tégicas podían emplearse para orientar la opinión pública hacia
ideas más esclarecedoras. *Desde algún rincón del futuro, una voz
susurra: «¡Investiga!».* Para comprobar su hipótesis, Keating y
Brock idearon un experimento sencillo: mostraron a un grupo de
estudiantes un vídeo a favor del aumento de las tasas universita-
rias, mientras los sometían a diferentes niveles de distracción. [52]
Tal y como esperaban, cuanto mayor era la distracción, más probable era que los estudiantes asintieran dando su aprobación. Lo
que Keating y Brock descubrieron fue que, cuando el cerebro está
ocupado lidiando con demasiadas cosas a la vez, tiende a tomar
atajos. Y uno de esos atajos consiste en asentir, porque estar de
acuerdo es más fácil que pensar.

Más recientemente, investigadores de la Universidad de Co-
rea, en Seúl, llevaron a cabo un experimento similar, esta vez
centrado en cómo hacer *multitasking* entre distintos medios
afecta a nuestra capacidad de pensar de forma crítica sobre la
información que recibimos. [53] Los participantes vieron contenido persuasivo sobre tres temas sociales controvertidos mientras,
en paralelo, realizaban otras tareas en diferentes plataformas.
Cuanto más distraídos estaban, menos capaces eran de detectar
errores en los argumentos y de cuestionarlos. Parece un mito
moderno: con el móvil en la mano y la mente en otra parte,
acabamos siendo cómplices de nuestra propia manipulación.

Las *fake news* no solo desinforman, también perjudican nuestra capacidad de tomar decisiones de forma consciente y autóno-
ma. Aunque nuestras decisiones sobre salud y bienestar no siempre
sean perfectas, tenemos derecho a tomarlas sobre la base de verdades objetivas. A pesar de los riesgos que ya todos conocemos, muchas personas siguen eligiendo consumir tabaco, por ejemplo. Esa
es una muestra de un intercambio justo entre información y
consentimiento. Nuestras decisiones (incluso las cuestionables)

deberían ser nuestras, no el resultado de una artimaña manipuladora cuyas consecuencias nunca llegamos a aceptar del todo. Todos los días tomas decisiones que, a simple vista, parecen sencillas: un producto con miles de reseñas positivas; una nueva dieta avalada por testimonios de mejoras milagrosas; una oportunidad de inversión que parece infalible y que cuenta con el respaldo de supuestos expertos. Todo suena razonable, casi una cuestión de sentido común. Y, sin embargo, son el tipo de decisiones desafortunadas que nunca habríamos tomado si hubiéramos tenido toda la información desde el principio. Pero navegamos sin pensar por ríos interminables de contenido, con los ojos cerrados y la atención a medio gas, sin disponer plenamente de nuestros recursos cognitivos. Y, al hacerlo, dejamos la mente expuesta a la desinformación.

No te estoy diciendo que borres tus redes sociales y te vayas a vivir en medio del campo sin wifi (aunque, si lo haces, cuentas con todo mi apoyo). Solo digo que te concentres en una cosa a la vez, porque es una manera de oponer resistencia a quienes se aprovechan de tu atención fragmentada. Es un acto de recuperación de tu autonomía mental. Y esto cobra aún más importancia si tenemos en cuenta la rapidez con la que el cerebro responde al estímulo emocional de las noticias falsas: en apenas 1/250 de segundo, antes siquiera de que seamos conscientes del contenido que estamos viendo.[54, 55] Basta un breve vistazo a una red social cargada de emociones para que cambie nuestra forma de ver el mundo y de tomar decisiones. Además, solemos consumir y compartir contenido que despierta emociones intensas, como relatos que generan indignación, asco o ira.[56] Eso es lo que da a las *fake news* una ventaja enorme en la feroz batalla por captar nuestra atención. El verdadero problema es que, una vez que el gancho emocional ha hecho efecto, cuesta mucho liberarse de él.[57] Imagina que te cruzas con un titular que acusa a una reconocida ONG de aprovecharse de las personas vulnerables para lucrarse.

La mezcla de indignación y bronca te empuja a compartirlo sin pensarlo demasiado. Más tarde ves otro artículo, con un tono más sereno y argumentado, que desmiente esas acusaciones y exculpa por completo a la organización. Pero ahora no sabes si deberías compartir esa nueva información porque no estás seguro de que sea auténtica. Y, aunque acabes aceptando que la ONG es inocente, tu percepción ya está teñida por aquella primera reacción emocional. Tus decisiones (qué causas apoyas, qué iniciativas respaldas) seguirán influenciadas por esa impresión inicial.[58]

Mientras navegamos entre publicaciones, memes e historias, cada «me gusta», cada comentario que hacemos o cada vez que lo compartimos va moldeando sutilmente nuestra forma de ver el mundo. Y, con la promesa de contenido nuevo y atractivo a solo un *swipe* de distancia, seguimos presos del yugo de la pantalla.

La adrenalina de la persecución

Lo que vuelve tan atractivo el *scroll* sin rumbo o la revisión compulsiva de la bandeja de entrada es, en realidad, un gran defecto de nuestra red neuronal. Dado que las interacciones sociales son clave para nuestro bienestar, el cerebro las clasifica, al igual que la comida o el sexo, como recursos que merece la pena salir a buscar. Para motivarnos a realizar esa búsqueda, el cerebro utiliza señales de dopamina que nos orientan hacia lugares donde podríamos encontrarlas. El problema es que confunde las notificaciones con interacciones sociales. Así que, aunque un breve cruce con un trol de Reddit no cubra ninguna de tus necesidades sociales reales, la dopamina seguirá empujándote a volver a por más.

Como sociedad, tendemos a malinterpretar el papel de la dopamina. Su apodo más popular en Internet, «la molécula del placer», es bastante inexacto. El cerebro cuenta con cuatro grandes vías dopaminérgicas, y cada una de ellas cumple un papel específico a la hora de responder a nuestras experiencias e instrucciones.[59] Por ejemplo, cuando decides mover el brazo, las neuronas de la vía nigroestriada se transmiten dopamina entre sí para convertir tu intención en una orden para la corteza motora. Esa vía nigroestriada también puede colaborar con las vías mesocortical y mesolímbica para formar lo que conocemos como el «sistema de recompensa». Las tres trabajan juntas procesando tus experiencias, tomando nota de qué lugares o estímulos podrían merecer una segunda visita. Cuando, por casualidad, entraste en aquella cafetería medio oculta y descubriste una tarta de chocolate tan pero tan rica que hasta podría pagar tus préstamos universitarios, ¡tomaron nota! Cuando cantas *Bohemian Rhapsody* a todo pulmón en el coche, se activan de inmediato. El cerebro intenta conectar su funcionamiento interno con tu comportamiento, y lo hace enviando una señal clara: «Quiero más de esto, por favor», cuando detecta algo que podría favorecer tu supervivencia.[60] En el fondo, solo busca mantenerte con vida, aunque, como ya hemos visto, no siempre sabe cuál es la mejor forma de hacerlo. Ya sea al ver la sonrisa de tu hijo o al caer en la adicción a sustancias como la cocaína, los circuitos de recompensa seguirán empujándote a repetir la experiencia.

Dentro del comportamiento impulsado por la dopamina, hay un elemento que reina por encima del resto: la sorpresa. Pensemos, por ejemplo, en esa fascinación morbosa que nos lleva a escuchar un pódcast de crímenes reales. Parte de lo que los hace tan adictivos es esa montaña rusa de giros inesperados, las líneas de investigación que no llevan a nada y las revelaciones impactantes que no veíamos venir. Si el corazón del misterio se desvelara en el primer episodio, jamás sentirías la satisfacción del giro final, cuando todas las pistas que se fueron sembrando de repente empiezan a encajar. El cerebro siente algo parecido con respecto a las recompensas: prefiere que sean impredecibles, un concepto que el psicólogo B. F. Skinner ya exploró en los años treinta.[61] En sus experimentos, entrenó a sus ratas de laboratorio para que pulsaran una palanca cuando quisieran recibir sabrosas bolitas de comida, como una versión roedora de Uber Eats. Nada mal para una rata de laboratorio, si lo pensamos bien. Uno supondría que ellas preferirían que la palanca ofreciera recompensas de manera constante, cada vez que la accionaran. Pero Skinner descubrió que comían más cuando eso no ocurría. Ya hemos visto cómo las señales de error de predicción pueden influir en contextos sociales, ajustando nuestra autoestima al actualizar los modelos mentales. Del mismo modo, el error de predicción de recompensa ayuda al cerebro a ajustar sus respuestas ante posibles recompensas o, más exactamente, ante la intensidad de la excitación que se genera en las neuronas dopaminérgicas dentro de los circuitos de recompensa.[62] Si una recompensa es peor de lo esperado, el modelo mental se actualiza y reduce la activación de dopamina en la próxima ocasión. Si la recompensa es mejor de lo esperado, la activación aumenta.[63] La consecuencia inesperada es que, cuando las recompensas son impredecibles y fáciles de verificar, nos quedamos atrapados en la emoción de la búsqueda.

Los casinos llevan décadas explotando este mecanismo. Las máquinas tragaperras, por ejemplo, están diseñadas para aprovechar el error de predicción de recompensa: te dan suficientes victorias para que mantengas la esperanza, pero suficientes derrotas como para que sigas teniendo expectativas. Claro que si siguieras ganando, seguirías jugando (aunque con una actitud más tranquila y estable desde el punto de vista de la liberación de dopamina), porque recibir dinero siempre es gratificante de por sí. Sin embargo, eso sería una estrategia mucho menos rentable para el casino. Igual que las ratas de Skinner pulsaban la palanca una y otra vez, los jugadores siguen tirando de la palanca porque la próxima puede ser la buena. Ahora imagina que, en lugar de tirar de la «palanca» de una máquina tragaperras, actualizas el *feed* de una red social. Las redes sociales, igual que las máquinas tragaperras, saben explotar como nadie esa anticipación que dispara la liberación de dopamina para mantenernos enganchados. Cada vez que haces *scroll*, deslizas al costado o actualizas, es como volver a tirar de la palanca para comprobar si esta vez hay premio. Cuando las recompensas parecen llegar de manera aleatoria, desarrollamos el hábito de revisar continuamente. No podemos cambiar esta característica del cerebro, ni rediseñar las aplicaciones, así que solo nos queda una vía de intervención: dificultar el acceso. Puedes usar la tecnología contra sí misma instalando aplicaciones que te bloqueen el acceso tras cierto tiempo de uso diario. También puedes eliminar temporalmente tus redes sociales para tomarte descansos. Cuando estés con amigos o concentrado en una tarea, deja el móvil fuera de tu alcance. Cuantas más barreras pongas entre tú y el hábito de revisar, más fácil será romper el ciclo.

Al menos, para las ratas y los jugadores, esas recompensas intermitentes tienen algo de valor. Pero ¿qué obtienes tú a cambio? Tal vez sea la emoción de ver que el usuario3472 ha respondido a tu comentario en ese debate cada vez más encendido sobre coches eléctricos. O ese subidón al ver que alguien con quien mantienes una relación bastante ambigua y distante le ha dado «me gusta» a tus historias. Incluso podrías tener la suerte de recibir un sugerente mensaje de un *bot*, que con toda naturalidad te invita a hacer clic en un enlace o a compartir los datos de tu tarjeta. *¡Ay, Internet...! ¿Cómo resistirse a semejantes encantos?*

El teclado como campo de batalla

Muchos ya intuimos que, incluso cuando esa palanca nos da una recompensa, en el fondo no estamos ganando nada. Y, aun así, somos incapaces de parar. No solo somos rehenes de la vaga idea que el cerebro tiene de lo que es una «recompensa», sino que además sentimos la necesidad de salir a defenderla en cuanto se ve mínimamente amenazada. Y, por lo visto, no hace falta mucho para que eso ocurra. A veces basta con una crítica sutil a nuestras creencias o a nuestra identidad para que salte el resorte y entremos en modo lucha o huida. Responder a un hilo de tuits agresivos no nos hace sentir mejor, ni aporta nada significativo a nuestra vida como para justificar el esfuerzo. Y, sin embargo, lo más probable es que terminemos interactuando con el contenido que nos hace enojar.[64] El cerebro nos arrastra a esos combates, de mala gana, porque siente la necesidad de defenderse, ya sea ante amenazas reales o imaginarias. Y, a veces, simplemente quiere alimentarse de la adrenalina que generan estas escaramuzas virtuales.[65] Es un rasgo del comportamiento humano con un potencial infinito para amargarte el día.

Las discusiones en línea que de verdad podrían enseñarnos algo rara vez son las que más nos atraen.[66] Yo, por ejemplo, no sé gran cosa sobre coches eléctricos, así que en un debate sobre su utilidad, aceptaré encantada lo que me digan. ¿Me aseguras que son lo mejor que le ha pasado al mundo desde que se inventó el pan de molde? Estupendo. Maravilloso. He aprendido algo nuevo. Hasta luego. Pero si alguien intenta convencerme de que a los gatos no les importa el afecto humano…, entonces me remango y me preparo para una buena batalla. Aunque estuviera debatiendo con la experta mundial en comportamiento felino, difícilmente cambiaría de opinión. ¿Por qué? Porque ahí me estoy jugando algo personal. Gnocchi es mi orgullo y alegría, y me gusta pensar que soy el amor de su vida (*de todas sus vidas*, las siete). ¿En qué tipo de realidad estaría entrando si me creyera que solo me quiere por abrir latas de atún y ofrecerme como radiador humano? Precisamente porque este tema toca una parte fundamental de mi identidad (mi vínculo con Gnocchi), me vería arrastrada al debate, dispuesta a defender mi postura con uñas y dientes. Y la etóloga felina, que ha dedicado quince años de carrera al estudio de la frialdad gatuna, también tendría sus razones para no ceder terreno. Así que estaríamos atrapadas en ese punto muerto hasta que una de las dos decidiera rendirse y dejar de contestar.

Discutir en Internet rara vez conduce a una resolución[67] porque, en general, solo nos interesa debatir aquellas ideas que ya tenemos profundamente arraigadas. Discutimos solo por discutir, sin obtener nada a cambio. Y lo peor es que, después de esas peleas, nos quedamos con un resabio de ira que puede colarse en otras áreas de nuestra vida. Un momento estás respondiendo con sarcasmo al usuario3472 porque no tiene NI IDEA de cómo se degradan las baterías de los Tesla, y al siguiente estás echándole la bronca a tu pareja por lo mal que coloca los platos en el lavavajillas. La ira genera más ira, tanto que incluso leer un intercambio encendido puede influir de forma negativa en tu comportamiento.[68]

Elige bien tus batallas virtuales: aléjate de los hilos de comentarios y del contenido que te hacen hervir la sangre. Cuando sientas que la rabia te recorre los dedos hasta el punto de golpear el teclado, suelta el móvil. Cuenta hasta diez. Grita en una almohada si hace falta. Usa cualquier herramienta que te ayude a evitar caer en la trampa de las discusiones virtuales que te arruinan el día. Y no, no se trata de que nadie pueda cuestionar tus ideas, ni de que no debas aprender de los demás. Pero si de verdad quieres estar abierto a escuchar otras perspectivas, primero tendrás que aprender a lidiar con ese cerebro tuyo: un testarudo repleto de sesgos.

El anhelo de la comodidad

Antes pensábamos que el culpable era el «filtro burbuja». Este concepto, introducido por el autor y activista digital Eli Pariser, sostiene que los algoritmos crean cámaras de eco de información que, poco a poco, eliminan las ideas opuestas.[69] Sin embargo, en realidad, los usuarios de redes sociales tienden a consumir medios más diversos y centristas que quienes no las usan.[70, 71] El problema real es que, cuando una idea nos atrapa (aunque sea solo un instante), cuesta mucho soltarla. No importa si estamos expuestos a ideas opuestas o no, si el cerebro las filtra por sí solo, el efecto es el mismo. Cuando nos enfrentamos a ideas nuevas, el cerebro no las examina con objetividad. Las interpreta a través del prisma de sus propios sesgos cognitivos, que las refractan y distorsionan para que encajen en una realidad ya construida.

Tenemos un verdadero cártel de sesgos cognitivos, bastante universal, que incluye el llamado «sesgo del sesgo»: la tendencia a detectar con facilidad los sesgos en los demás, pero subestimar su influencia en uno mismo. Ten eso presente mientras te explico cómo funciona el sesgo de anclaje, que nos lleva a aferrarnos con fuerza a la primera información que recibimos sobre algo, incluso cuando más tarde se demuestra falsa. O el clásico sesgo de confirmación, que dirige nuestra atención hacia la información que refuerza lo que ya creemos, y nos hace ignorar o distorsionar lo demás. Un claro ejemplo de esto es que a muchas personas les cuesta resolver un problema matemático cuando la solución contradice sus creencias sobre el control de armas o los índices de criminalidad.[72] A veces lo llamamos «piruetas mentales». Pero, en realidad, aquí es donde el cerebro se siente más cómodo. Los sesgos cognitivos son como un viejo sillón mullido, lleno de marcas de uso, donde el cerebro se acomoda para evitar el esfuerzo que supone procesar información nueva o reconfigurar circuitos neuronales.

¿Cuántas veces cuestionamos realmente nuestras propias ideas, buscamos pruebas en contra y ajustamos nuestra forma de pensar en consecuencia? Si somos sinceros, muy pocas. Sabes cuáles son tus creencias y tu postura política, así que la próxima vez que te sorprendas descartando ideas que no encajan en tu esquema mental, toma nota.

Cuando veas que te cuesta dejar atrás algo que aprendiste hace tiempo, haz una pausa. Es el perezoso de tu cerebro volviendo a su sillón para refugiarse en los viejos surcos de creencias y pensamientos que ya conoce. Esos momentos de reflexión no van a desmontar todo tu sistema de creencias de golpe. No te vas a radicalizar, ni te vas a quedar fuera de todo lo que te resulta familiar. Pero ese esfuerzo constante, aunque sea pequeño, puede ir puliendo tu forma de entender el mundo y ayudarte a construir creencias que resistan el análisis.

Haz el esfuerzo consciente de mantener la mente abierta. Eso implica aceptar la incertidumbre, el malestar y la posibilidad de estar equivocado. Un primer paso sencillo consiste en incorporar expresiones como: «Yo tenía entendido que...» o «Corrígeme si me equivoco, pero...». Úsalas también cuando estés completamente convencido de que tienes razón. Si estás en lo cierto, esas frases ayudan a rebajar la tensión y a que tu interlocutor se muestre más receptivo. Y si estás equivocado (porque en algún momento pasará), podrás salir del paso tranquilo, con la dignidad intacta. Con el tiempo, irás acumulando pruebas de que equivocarse no es ni doloroso ni amenazante. Imagina lo contrario: entras en un debate con todo, completamente convencido de tu postura, y resulta que no tenías razón... ¡Qué desastre! ¡Qué vergüenza! Y, lo peor de todo, es que lo único que hiciste fue reforzar la resistencia del cerebro a *equivocarse*. Si empiezas a abordar estas cuestiones con más amabilidad, con el tiempo te resultará más fácil. Puede que incluso llegue un momento en el que ya no sientas tanto apego por tus ideas. Y no hay mayor libertad que esa.

Nos gusta creer que tenemos todo bajo control, que tomamos decisiones con intención y dirigimos nuestra vida a conciencia. Por desgracia, la realidad es un poco más compleja. La mayoría de nuestras acciones no son el resultado de una planificación cuidadosa ni del libre albedrío, sino de procesos automáticos y reflejos: una cascada de eventos neuronales que nos conducen a un número muy limitado de opciones. Al final, vivimos en una especie de pecera mental: creemos tener un montón de espacio para elegir, pero en realidad nos movemos dentro de límites muy reducidos. Es una idea difícil de digerir, y a la mayoría le cuesta aceptarla. La simple posibilidad de que nuestro libre albedrío (algo que valoramos muchísimo) esté condicionado suele despertar una reacción instintiva: enfado, negación o ganas de cambiar de tema. Sospecho que lo que más nos incomoda es la sensación de impotencia que nos deja. Si en realidad no tenemos el control de nada, ¿qué sentido tiene? ¿Para qué esforzarse? *Estamos perdidos. Ahora pásame mi capa de oscuridad y cierra la puerta al salir.*

A pesar de haberte llevado al borde de la crisis existencial, confío en que a estas alturas ya te fíes de mí para devolverte a un lugar un poco más esperanzador. Empecemos a andar ese camino con *El Profeta*[73], de Kahlil Gibran. La historia comienza cuando el profeta divino, Al Mustafa, se dispone a abandonar la ciudad de Orphalese. Justo cuando llega el barco que ha de llevárselo, los habitantes del lugar se reúnen para hacerle una última ronda de preguntas sobre la experiencia humana. Cada pregunta da pie a un capítulo diferente y, aunque me gustan todos, hay uno que, sin duda, es mi favorito, y empieza cuando un albañil le dice: «Háblanos de las casas». La respuesta de Mustafa va directo al corazón de la condición humana. Somos exploradores por naturaleza, siempre en la búsqueda de nuevos horizontes, y, sin embargo, el hogar que construimos muchas veces se termina convirtiendo en una jaula: «El anhelo de la comodidad —dice— mata la pasión del alma».

Continúa describiendo esa búsqueda de comodidad como «esa presencia sigilosa que llega al hogar primero como invitada, para luego convertirse en anfitriona y, finalmente, en ama». Esa misma secuencia se refleja en nuestra forma de comportarnos en Internet, donde nos refugiamos en nuestros sesgos cognitivos y nos aferramos a las mismas ideas de siempre. Igual que esas casas de las que nos advierte Al Mustafa, nuestros sesgos acaban convirtiéndose en prisiones, reduciendo tanto nuestro mundo como a nosotros mismos a una zona de confort cada vez más estrecha.

Que esta obra, publicada por primera vez en 1923, siga teniendo tanta resonancia un siglo después, da buena cuenta de la sabiduría de Gibran. También nos recuerda algo esencial: la tensión entre impulsos opuestos forma parte de lo que significa ser humano. Queremos aventura, pero anhelamos la comodidad. Tenemos un cerebro capaz de teorizar sobre la relatividad o de imaginar mundos habitados por hobbits y viajes épicos, y, aun así, muchas veces nos resulta más tentador hacer *scroll* que ponernos a crear. Nuestra curiosidad innata nos empuja a buscar nuevos horizontes de conocimiento, pero nuestros sesgos más arraigados nos mantienen con los pies (y la mente) firmemente anclados al suelo. El reto, por tanto, es luchar contra nosotros mismos. Ser capaces de detectar cuándo nuestras emociones están siendo manipuladas, cuándo se refuerzan nuestros sesgos o cuándo volvemos a caer en esos patrones que decimos odiar. Y no, no es fácil. Hace falta atención, intención y (quizá lo más importante) la voluntad de aceptar que no somos tan racionales como creemos. El simple hecho de reconocer estos conflictos es una de esas opciones que siempre estarán disponibles dentro de tu pecera de libre albedrío limitado. Cada vez que lo haces, avanzas hacia una pecera un poquito mejor, con un nuevo abanico de opciones más alineadas con la persona que aspiras a ser.

Internet y su inagotable río de contenidos e interacciones no van a desaparecer. Y tampoco debería, pues es una herramienta increíble. Pero ha llegado el momento de pulir nuestras habilidades y de alinear nuestro comportamiento virtual con quienes realmente somos (y con quienes queremos llegar a ser) más allá de la pantalla.

Resumen del capítulo

Poco a poco y con cuidado. Cuando busques información en Internet, tómate tu tiempo. No te precipites leyendo artículos ni saltes de un enlace a otro. Haz pausas para asimilar lo que has leído y dar a tu cerebro la oportunidad de procesarlo y recordarlo.

Un recreo para recargar tu cerebro. Para evitar la fatiga mental tras largos periodos frente a una pantalla, descansa cada 30-90 minutos. Haz algo que no esté ligado a lo digital: estírate, sal a dar un paseo o, simplemente, desconecta unos minutos. Tu cerebro lo necesita.

Elige bien en qué inviertes tu atención. Tu atención es limitada y valiosa. Protégela marcando límites claros sobre en qué y cómo la empleas. Evita regalarla a distracciones digitales de poco valor.

Hazte amigo del aburrimiento. Permítete estar aburrido. El aburrimiento puede ser un poderoso motor para la creatividad, la introspección y la resolución de problemas. No llenes cada momento libre con contenido digital.

Una cosa a la vez. Evita la tentación de hacer varias cosas a la vez en el mundo digital. Céntrate en una sola tarea para que tu capacidad de concentración mejore y el estrés disminuya. Recuerda: tu cerebro funciona mejor cuando hace una cosa a la vez.

Sé selectivo a la hora de implicarte emocionalmente. Aprende a reconocer cuándo un contenido está diseñado para provocarte emociones intensas y captar tu atención. Antes de reaccionar, especialmente si lo que ves te despierta enfado o indignación, haz una pausa.

Pon límites al chequeo compulsivo. Rompe el hábito de mirar el móvil o actualizar redes sociales sin pensar. Crea obstáculos: deja el móvil lejos durante las tareas que requieren concentración o usa aplicaciones que limiten el tiempo de uso.

Participa con criterio en los debates en línea. Elige bien qué batallas vas a librar. Evita entrar en discusiones acaloradas que no aportan valor y que solo generan frustración. Antes de responder, da un paso atrás y reflexiona. Participa solo cuando el tema realmente te importe.

Cuestiona tus sesgos cognitivos. Sé consciente de que tus interacciones *online* están influidas por sesgos como el de confirmación o el de anclaje. Intenta exponerte a puntos de vista distintos al tuyo y mantén la mente abierta para revisar tus ideas.

8

El sentido de la vida

¿Y si te ofreciera una realidad alternativa? Imagina que pudiera implantarte una interfaz neuronal en la base del cráneo que conecte tu cerebro de forma permanente a una simulación. Allí dentro, todos tus deseos se verían satisfechos: los platos más exquisitos aparecerían frente a ti con solo pensarlos, los paisajes cambiarían según tu estado de ánimo. Sería tu propia utopía personalizada, libre de las dificultades cotidianas de la vida real.

Aquí no hay límites para lo que puedes conseguir: el matrimonio perfecto, la casa de tus sueños, una carrera brillante en cualquier ámbito que elijas. Todos tus sueños se hacen realidad, sin problemas, sin obstáculos. Pero con una condición.

Mientras tú vives esa fantasía ideal, el mundo real sigue su curso sin ti. Y, aunque la ilusión de tu nuevo hogar digital sea lo bastante sofisticada como para engañar a tus sentidos, en el fondo sabes que nada de eso es real.

Incluso si eliminásemos por arte de magia el problema de echar de menos a tus seres queridos, estoy casi segura de que acabarías cansándote de esa vida. Con el tiempo, la familiaridad opacaría el brillo inicial de ese mundo ficticio. Te acostumbrarías a sus encantos y, aunque seguirías disfrutando de la buena comida, de las relaciones sin fricciones y del éxito infinito, una alarma silenciosa empezaría a sonar en lo más profundo de tu subconsciente.

Por mucho que te perdieras en los encantos de ese paraíso, siempre habría una vocecilla en tu mente que, una y otra vez, insistiría con la misma pregunta: «¿Qué sentido tiene todo esto?».

Y es que nuestras experiencias internas, por sí solas, no son suficientes. La vida humana está impulsada por una necesidad poderosa e innegable: dejar una huella en el mundo exterior, por pequeña que sea. Queremos que nuestras acciones tengan un propósito y que nuestra historia personal tenga algún significado. La cuestión es: ¿por qué?

¿Qué sentido tiene esto?

Nuestra necesidad de encontrarle un sentido a la vida no es solo una cuestión filosófica, sino que se extiende hasta lo más profundo de nuestra biología celular. Cuesta imaginar que algo tan abstracto pueda tener efectos tangibles en el cuerpo y, sin embargo, eso es precisamente lo que sugiere la investigación científica.

Varios estudios han demostrado que tener un propósito claro no solo mejora el bienestar mental, sino que también podría beneficiar la salud celular.[1] Al analizar muestras de sangre junto con encuestas sobre bienestar, los investigadores identificaron ciertos patrones de expresión genética relacionados con dos tipos distintos de satisfacción vital. El primero, el bienestar hedónico, se basa en el placer y el disfrute (algo que no faltaría en tu utopía personalizada). El segundo, el bienestar eudaimónico, surge de tener una vida con sentido y propósito. Aunque ambos tipos se asociaban con menores niveles de depresión, solo el bienestar eudaimónico estaba vinculado a una mejor respuesta inmunitaria: menos activación de genes relacionados con la inflamación y mayor actividad de genes que combaten los virus.

En términos más sencillos, si bien disfrutar de la vida puede hacerte feliz, vivir con propósito puede proteger tu salud hasta el nivel celular.

Esta conexión podría explicar por qué tener un propósito claro se asocia con múltiples beneficios para la salud, como dormir mejor,[2] tener menos infartos y derrames cerebrales,[3] e incluso reducir el riesgo de demencia.[4] Parece que, cuanto más sentido le encuentres a tu efímera existencia, más tiempo podrás disfrutarla.[5] De hecho, un estudio que siguió a más de 6.000 personas durante más de 14 años reveló que quienes declaraban tener un propósito vital tenían un 15 % menos de probabilidades de morir.[6] Que, si lo piensas, es el objetivo número uno, ¿no? No morir.

Pero en nuestra lucha por *no morir*, suelen imponerse otras preocupaciones más urgentes. Como encontrar un empleo para pagar las facturas y llenar la nevera. Esto nos lleva, en la práctica, a pasar más de 40 horas semanales haciendo un trabajo que no siempre nos motiva ni nos ofrece una sensación de sentido. Ni siquiera para quienes tienen el privilegio de elegir su trayectoria profesional, encontrar un propósito real es tarea fácil. Con tanta variedad de oportunidades profesionales, estilos de vida y sistemas de creencias entre los que elegir, a veces nos paralizamos ante el exceso de posibilidades, un fenómeno conocido como «sobrecarga de opciones».[7] Aunque parezca algo contraintuitivo, cuantas más alternativas tenemos, menos satisfechos tendemos a sentirnos con la decisión que tomamos.[8]

A medida que tomamos mayor conciencia de problemas acuciantes como el cambio climático, la inestabilidad política o la injusticia social, deberíamos, en teoría, contar con un marco relevante que nos invite a implicarnos y promover un cambio. Pero, para muchas personas, la magnitud y la complejidad de estos problemas resultan abrumadoras.[9] En lugar de sentirse con poder para impulsar mejoras, muchas acaban atrapadas en una sensación de impotencia que no hace más que intensificar su angustia existencial. [10, 11]

A todo esto se suma que los pilares tradicionales de sentido (como la vida comunitaria, la religión o los roles familiares) se han erosionado o transformado en muchas partes del mundo. Nos enfrentamos, por tanto, a la dificultad de hallar nuevas formas de encontrar sentido en un contexto cada vez más secular e individualista.

El lado positivo de todo esto es que el sentido y el propósito no se encuentran: se construyen. Y, aunque cada persona tiene su propio conjunto de valores, existen principios universales que pueden ayudarnos a orientarnos en la búsqueda de una vida plena. En definitiva, la respuesta a la gran pregunta existencial «¿Qué sentido tiene esto?» está en tus manos. Pero no estás solo; investigadores y filósofos llevan siglos dándole vueltas a este enigma. ¿Y si retomamos donde lo dejaron?

De la unión nace la fuerza, no de la IA

Vamos a darle la vuelta al experimento mental de la utopía simulada y mirar la existencia desde fuera, como observadores.

En la novela *Klara y el Sol*, de Kazuo Ishiguro, se nos presenta un mundo distópico habitado por humanos y robots con inteligencia artificial conocidos como «Amigos Artificiales» (AA). [12] La historia gira en torno a Klara, una de estas AA, y su propietaria humana, Josie, una joven que padece una misteriosa enfermedad terminal. Poco a poco descubrimos que Klara tiene una misión: observar y aprender cada detalle de Josie (sus acciones, pensamientos y personalidad) para poder replicar su esencia por completo. Una vez cumplido ese objetivo, Klara será remodelada para parecerse físicamente a Josie, con la intención de sustituirla tras su inevitable muerte. Es el último recurso de una madre consumida por el dolor.

A lo largo de la historia, se nos invita a reflexionar sobre qué distingue a un ser humano de una inteligencia artificial bien diseñada. Si un robot puede imitar todos nuestros rasgos hasta el más mínimo detalle, ¿no podríamos considerarlo como la misma persona? El padre de Josie no lo ve así, ya que se opone con firmeza a que Klara sustituya a su hija. Sabe que hay algo en ella que no se puede replicar, aunque no sepa ponerle nombre ni explicarlo del todo.

Y ahí es donde nos hacemos la misma pregunta: si la tecnología puede copiar cada detalle de nuestros rasgos y apariencia, ¿qué es lo que hay dentro de nosotros que nos hace realmente únicos? ¿Serán nuestros recuerdos? ¿Nuestra alma? ¿Alguna otra cosa especial? Al final, es la propia Klara quien da una respuesta conmovedora: «*Sí* que había algo muy especial, pero no estaba dentro de Josie. Estaba dentro de quienes la querían».

¡Por favor, Klara! Podrías haberme avisado que estabas a punto de romperme el corazón, ¿no crees? Aparte de ser absolutamente demoledora (aún no me he recuperado del todo), esta historia también nos recuerda algo esencial: que el ser humano no se entiende sin la conexión con los demás.

El filósofo existencialista Martin Heidegger llegó a una conclusión similar en su obra *Ser y Tiempo*,[13] publicada en 1927, donde hace hincapié en que existir equivale a «coestar», es decir, que nuestro mundo está irremediablemente entrelazado con el de los demás. Según Heidegger, no somos entes aislados, sino que vivimos en una realidad compartida, en la que nuestra existencia se define también a través de nuestras relaciones. Incluso si eres el cascarrabias del barrio, de esos que fruncen el ceño como si socializar les produjera un dolor físico, no puedes escapar al hecho de que los demás forman parte de tu existencia.

Igual que Josie de *Klara y el Sol*, parte de tu esencia vive en la mente de quienes te rodean.

En el fondo, lo sabemos. Si no, piensa en cómo te sientes cuando alguien con quien ya te has cruzado varias veces sigue sin recordar tu nombre, o en esa desazón que aparece al quedarte fuera de una fiesta porque a quien la organizaba no se le ocurrió invitarte. Ser olvidados amenaza nuestra necesidad existencial de sentir que importamos,[14] porque nos hace creer que no significamos nada. Sentirse importante es una parte fundamental de llevar una vida con sentido,[15] y es difícil imaginar cómo podríamos conseguirlo sin conectar, de alguna forma, con otras personas. Ahora bien, las formas en las que intentamos conectar o dejar huella pueden ser muy distintas.

En algunos casos, esa búsqueda de sentido puede derivar en caminos marcados por la destrucción y la violencia, sobre todo en quienes se sienten invisibles o despreciados por la sociedad. Muchos terroristas y extremistas violentos actúan impulsados por un deseo profundo de sentirse importantes.[16, 17, 18, 19] Pero, aunque la violencia pueda generar una sensación momentánea de poder o protagonismo, las consecuencias suelen ser devastadoras: deja cicatrices psicológicas duraderas y lleva a un aislamiento social aún mayor.[20, 21, 22] En su intento desesperado por afirmar su importancia, quienes recurren a la violencia suelen acabar más solos y rechazados que nunca.

Lo irónico es que dejar huella en la mente y el corazón de los demás es, en realidad, algo bastante sencillo. En uno de los capítulos anteriores hablaba de mi entrenador Chris. Han pasado muchos años desde la última vez que lo vi o hablé con él, pero para mí siempre será importante, porque fue gracias a él que tomé la decisión de ir a la universidad. Y los gestos más pequeños también son importantes. Como el de aquel amable farmacéutico que me atendió la vez que intenté subir el Mont Royal en Montreal en un día de frío extremo y acabé resbalando, cayéndome y golpeándome en la cara. Me curó las heridas y me dijo: «Vaya día de mierda, colega. Lo siento». Un comentario sencillo pero reconfortante. En aquel entonces yo estaba saliendo de una ruptura amorosa, y su gesto de amabilidad significó mucho más de lo que él podía imaginar. Hoy, cada vez que me miro la pequeña cicatriz que tengo en la frente, recuerdo ese acto de bondad y no la caída.

Y este tipo de situaciones suceden más de lo que creemos. Según algunos estudios, quienes tienen este tipo de gestos espontáneos de amabilidad tienden a subestimar cuánto los valoran las personas que los reciben. [23, 24] Solemos medir nuestra generosidad según la utilidad tangible de lo que ofrecemos (unas palabras de consuelo, una toallita con alcohol, una tirita), mientras que quien lo recibe se fija en otra cosa: el calor humano.

No todos llegaremos a ser activistas que cambien el mundo ni a hacer descubrimientos que revolucionen la historia. Aun así, dejamos pequeñas huellas de sentido a través de nuestros actos cotidianos. Podemos reivindicar nuestro valor con gestos sencillos, como unas palabras amables a un desconocido, o con acciones más profundas, como acompañar a una amiga que está pasando por un duelo. El ingrediente clave es la calidez.

Reivindicar nuestro valor a través del altruismo y no de la violencia cobra aún más sentido si nos preguntamos por qué tener un propósito y un sentido en la vida nos ayuda a mantenernos más sanos y felices. Lo cierto es que no lo sabemos del todo. Una de las teorías más sólidas plantea que esa búsqueda de sentido nos impulsa a adoptar conductas, tomar decisiones y rodearnos de entornos que, en sí mismos, resultan beneficiosos para nuestro bienestar. [25] La violencia, en cambio, no solo nos aleja de ese objetivo de sentirnos valiosos, sino que además puede tener consecuencias perjudiciales para la salud. Es decir, que, por más que alguien consiga encontrar una mínima sensación de sentido, lo más probable es que no le sirva de mucho.

Y eso es lo que ocurre en la mayoría de los casos. El cerebro suele impulsarnos a actuar de forma que favorezca nuestra supervivencia y bienestar, pero somos nosotros quienes debemos interpretar si, en realidad, nos está llevando por el camino equivocado. Tu cerebro te dejaría hincharte de comida rápida o consumir cocaína sin rechistar, por ejemplo, aunque en el fondo lo que necesita es una alimentación equilibrada y acceso a recursos básicos.

Cuando el cerebro te impulsa a reivindicar tu valor ante los demás, lo que probablemente busca es esa reconfortante sensación que viene con un chute de oxitocina. Imagina esta hormona como una figura maternal que recorre distintas estructuras cerebrales asegurándose de que todos se sientan bien cuidados y felices.

Cuando realizamos un acto altruista, la información sensorial y emocional llega al hipotálamo, que es una especie de termostato interno. Pero este no solo regula la temperatura, también lleva la cuenta de casi todo: el hambre, los niveles de energía o el estrés. [26] Al recibir la información de tu gesto amable, el hipotálamo responde enviando una oleada de oxitocina por el cerebro. [27, 28]

Una vez liberada, la oxitocina puede tener efectos muy variados, sobre todo por su capacidad especial de actuar a larga distancia. Su primer destino es la amígdala, centro clave en el procesamiento emocional, donde ayuda a calmar la ansiedad y reduce la reactividad emocional. [29, 30, 31] Luego viaja al área tegmental ventral, una región implicada en el circuito de recompensa, donde anima a las neuronas dopaminérgicas a activarse. [32] Este subidón de dopamina te deja con ganas de seguir haciendo cosas altruistas. [33] Por eso la amabilidad genera más amabilidad.

La oxitocina también puede reducir el estrés actuando sobre el hipotálamo: lo convence, por así decirlo, de que no segregue la hormona liberadora de corticotropina.[34, 35] Normalmente, esa sería la primera fase de la cascada fisiológica de la respuesta al estrés. Para ponernos en el tema, aquí es donde entra en juego el hipocampo, que pone fin a esa respuesta cuando sus receptores detectan la presencia de cortisol.[36] Pero, gracias al efecto calmante de la oxitocina, ese proceso puede detenerse incluso antes de que comience.[37] Y es una jugada inteligente, porque mantener bajos los niveles de hormonas del estrés crea un entorno más favorable para que la oxitocina haga su trabajo. De hecho, esto puede dar lugar a un círculo virtuoso en el cerebro: más oxitocina significa menos hormonas del estrés, y menos hormonas del estrés favorecen la producción de oxitocina. Una especie de carrusel de bienestar cerebral.

No siempre tenemos evidencia directa del impacto que causamos en los demás. Pero, con efectos tan positivos para la salud y la felicidad, ¿a quién le importa? Y, de vez en cuando, alguien (ya sea una persona cercana o alguien que no ves hace años) puede reaparecer y contarte cuánto significas para él o ella, o cómo un simple gesto tuyo cambió el rumbo de su vida. Pocas cosas te hacen apreciar tanto la vida como eso, ¿no?

El poder de la oxitocina nos acompaña desde hace mucho tiempo: su historia probablemente empezó como una forma de fortalecer el vínculo entre madres, padres e hijos.[38] En los capítulos anteriores ya habíamos hablado acerca del rol fundamental que cumple la cooperación social en la evolución humana: estamos diseñados para comunicarnos y colaborar, lo que explica por qué la cognición humana es así de estructurada.[39] También vimos cómo el pensamiento simbólico nos permitió transmitir ideas complejas y qué ocurre en el cerebro cuando no hay contacto social.

Si hiciéramos un inventario de lo que nos hace humanos, hasta ahora tendríamos: empatía, el deseo de establecer vínculos y la capacidad para comunicarnos de manera sofisticada. Parece la receta perfecta para una especie cooperativa, ¿no? Bueno…, no tan rápido.

Ser o no ser… y un millón de opciones más

Te acaban de asignar un trabajo en equipo que consiste en colaborar con otra persona en una tarea con una bañera llena de agua, unos vasos y un fregadero (te prometo que no hay nada raro en esto). Os comunicáis con claridad y precisión, habláis el mismo idioma con fluidez y os mueve una empatía muy humana. Pero, mientras que a ti te han dicho que debes vaciar la bañera y llenar el fregadero, a tu compañero le han encargado justo lo contrario: mantener el fregadero vacío y la bañera llena. Podríais hablar de este problema hasta quedar exhaustos, pero si ninguno cambia de estrategia, lo único que conseguiréis es pasar el agua de un sitio a otro sin avanzar.

Este ejemplo, que podría traerte unos recuerdos poco agradables de los trabajos en grupo en la universidad, pone de manifiesto un aspecto clave para el éxito de una especie cooperativa: la búsqueda de metas en común. Por muy elocuente o empático que seas, no hay negociación posible cuando los objetivos de fondo son opuestos.

Las hormigas pueden cooperar a nivel social teniendo solo unas pocas neuronas; para que te hagas una idea, harían falta unos 344.000 cerebros de hormiga para igualar el número de neuronas de un cerebro humano.[40, 41] Aun así, como nosotros, ellas trabajan en pequeñas sociedades para alcanzar objetivos compartidos muy complejos, como construir caminos, colaborar en el desarrollo de la colonia, hacer rescates de emergencia y más.

Llevan a cabo estas increíbles hazañas de coordinación porque sus diminutos cerebros funcionan, en gran medida, por instinto:

una serie de comportamientos heredados que tienen grabados a fuego en su arquitectura neuronal. Básicamente, sus cerebros están programados para responder sin necesidad de pensar o reflexionar. Así que si una hormiga se topa con un pícnic abandonado, no se lo piensa ni un segundo: deja un rastro de feromonas para llamar a sus compañeras y lanzarse juntas a por el pegajoso botín. *¡Arriba, equipo!*

Ahora bien, si tú te toparas con ese mismo pícnic, en teoría podrías dejar tus propias feromonas. *Pero, por favor, no lo hagas.* También podrías coordinarte con tus amigos para llevar a cabo un atraco igual de maquiavélico. O quizá decidas hacer guardia para defender la comida de posibles ladrones, sean humanos o insectos. También podrías asumir que el festín ha sido abandonado y contactar con la prensa local para sugerir que hagan una noticia sobre el desperdicio de comida. O a lo mejor te animas a hacer una improvisación teatral sobre el mantel, y así cautivar a los espectadores con un monólogo sobre la gula capitalista. Incluso podrías proclamar la independencia del pícnic y declararlo una nación soberana, con su propia bandera, himno y embajador ante la ONU. *¡Por un mundo en el que ningún sándwich se quede atrás!*

Es un ejemplo (un poco ridículo, lo sé) que ilustra la diferencia entre los sistemas cognitivos basados en el instinto y los que permiten una mayor flexibilidad. El cerebro humano está atiborrado de opciones, y por eso necesita mecanismos complejos para tomar decisiones. La dopamina como recompensa o el miedo como freno no serían suficientes por sí solos. O, al menos, no nos habrían permitido establecer sociedades, desarrollar tecnología ni alcanzar los extraordinarios avances que definen a la civilización humana.

Ante una posible acción, tu cerebro evalúa su relevancia en relación con tus necesidades, tanto biológicas como abstractas. A veces es tan sencillo como decidir que vas a comer algo cuando tienes hambre. Otras, tan complejo como decidir si debes hacer la carrera de tus sueños, aunque eso implique mudarte a otra ciudad y dejar atrás a tu familia.

Cada una de nuestras acciones se basa en creencias y metas subyacentes. Y creo que ahí es donde empieza a echar raíces nuestro impulso por encontrar un sentido y un propósito: necesitábamos un sistema que guiara nuestro comportamiento, acorde a la complejidad y amplitud de las acciones posibles. Y ese sistema tenía que estar basado en equilibrar los deseos individuales con los intereses colectivos, lo cual es un elemento clave para nuestra supervivencia evolutiva.

Pensar está íntimamente relacionado con el proceso de elegir qué vamos a hacer. La sofisticada corteza prefrontal humana, famosa por su papel en el pensamiento complejo, se encarga de filtrar la información y decidir cómo va a actuar a continuación. De hecho, a pesar de su complejidad, casi todo lo que hace la corteza prefrontal se puede resumir en evaluar, preparar y guiar las acciones. [42]

Así que, en realidad, la angustia existencial tiene una función. Nos impulsa a reflexionar sobre nuestro lugar en el mundo, sobre el impacto de nuestras acciones y hasta qué punto encajamos (o chocamos) con las normas sociales. Este tipo de reflexión activa el pensamiento complejo que necesitamos para tomar decisiones cuando nos enfrentamos a un sinfín de posibilidades en un entorno que cambia constantemente.

¿Y por qué te cuento todo esto? Porque pensar en el sentido de la vida desde esta perspectiva lo hace todo un poco más sencillo. Queremos encontrar un sentido porque, sin él, ¿cómo sabríamos qué debemos hacer a continuación? Es una fuerza que nos impulsa a ir más allá de las necesidades básicas y a perseguir metas que, en mayor o menor medida, se alineen con los intereses de una sociedad en constante evolución. Bueno, visto así, tampoco suena tan terrorífico, ¿verdad?

El progreso en una sociedad es lento. Así como puedes reivindicar tu valor ante los demás a través de simples gestos, también puedes aportar a una causa mayor mediante pequeñas acciones. La forma más sencilla de empezar es haciéndote una pregunta: «¿Cómo puedo ayudar?». Tal vez compres una bolsa de semillas silvestres y las plantes en el primer trozo de tierra abandonado que encuentres. O decidas iluminar los rincones más oscuros de Internet dejando un comentario amable al día durante un mes. También podrías donar tus libros viejos al centro comunitario de tu barrio, una acción que puede contribuir al progreso de la humanidad difundiendo conocimiento e inspiración. O incluso podrías ir dejándolos uno a uno en cafeterías locales, con un marcapáginas que incluya unas bonitas palabras y tu reseña personal. Imagina la alegría de un desconocido al descubrir tu pequeño tesoro literario, y el efecto dominó de curiosidad y aprendizaje que podría desencadenar.

Estos actos pequeños e intencionados no solo se acumulan con el tiempo, sino que aumentan las probabilidades de que un día encuentres algo que te resulte especialmente gratificante. ¡Quién sabe! Tal vez esa bolsa de semillas podría dar pie a una empresa emergente de agricultura urbana.

Si de verdad no sabes qué te llena de propósito, recuerda que vivir y acumular experiencias le da a tu cerebro más material con el que trabajar. Cada cosa nueva que haces amplía tu reserva mental y ayuda a que tu corteza prefrontal te guíe mejor la próxima vez. Así que, aunque plantar flores te parezca una tontería, puede que la experiencia en sí ya merezca la pena. Considéralo un fertilizante para el cerebro.

Y si, a pesar de todo, buscarle sentido a la vida *todavía* te agobia, recuerda que una de las formas más valiosas de contribuir al progreso colectivo es transmitir tu sabiduría a las nuevas generaciones. Tanto los aciertos como los errores nos enseñan lecciones importantes. Así que, en realidad, es imposible fracasar. O, mejor dicho, ¡fracasar también es importante! Tu única misión es estar presente y participar. Sal ahí fuera y haz cosas. Cada uno de tus gestos, sea grande o pequeño, te ayuda a crecer y deja una huella en el mundo.

Pero ya basta de hablar del mundo... ¿Qué hay de ti? La búsqueda de sentido es algo muy personal. Entonces, ¿cómo encaja tu personalidad, tan maravillosa y única, en todo esto?

Elige tu propia aventura

A veces recurro a analogías de la vida cotidiana para explicar cómo funciona el cerebro, pero esta vez vamos a hacerlo al revés: voy a usar el funcionamiento del cerebro como ejemplo para entender la existencia humana.

Una sola neurona, igual que una persona, un individuo, no tiene mucho impacto por sí sola: es solo una pequeña parte de un sistema mucho más grande. Para que ocurra algo, esa neurona tiene que enviar mensajes a otras y coordinarlas para que actúen en conjunto. Cada pensamiento que tienes o cada movimiento que haces es fruto de miles de millones de neuronas colaborando como una especie de *flashmob* microscópico.

Y, sin embargo, las neuronas no están conectadas de forma directa, sino que están separadas por unos diminutos espacios llamados «sinapsis», que actúan como puntos de comunicación para enviar y recibir mensajes. «¿Y a qué se debe esa separación? —te preguntarás—. ¿No sería mejor que estuvieran todas conectadas directamente para que la comunicación sea más fácil?». Pues no, porque, si así fuera, cada vez que una se activase, todas lo harían, como si fuese un espectáculo pirotécnico mal diseñado en el que los fuegos artificiales estallan todos a la vez. Sería un auténtico desastre. Y, además, ese tipo de sistema impediría al cerebro realizar tareas complejas y variadas, porque solo podría estar completamente encendido o apagado.

Algo parecido ocurriría si la sociedad funcionara en perfecta sincronía, con todo el mundo pensando y actuando de la misma forma. La creatividad se marchitaría y el progreso se estancaría si todos nos moviéramos al unísono como los engranajes de una máquina. Sin conexión, no podemos construir las estructuras colaborativas que permiten evolucionar a la civilización, pero sin autonomía, corremos el riesgo de caer en una monotonía sofocante.

En el cerebro, las sinapsis son clave porque posibilitan que las neuronas decidan cuándo colaborar y cuándo actuar de forma individual. En la sociedad humana, nuestras conexiones (sean familiares, sociales o profesionales) cumplen la misma función que las sinapsis: nos permiten intercambiar ideas y trabajar en equipo sin renunciar a nuestra libertad de pensar y actuar de forma independiente.

Por muy sociales que seamos, no actuamos como si fuéramos una sola mente colmena. Somos individuos, y cada uno tiene sus propios deseos y su autonomía. ¡Y menos mal! Imagina lo caótico que sería si, a partir de ahora, cada estudiante que se graduara en la escuela secundaria decidiera ser mago. Habría conejos por todas partes, gente partida por la mitad en cada esquina y viviríamos con el miedo constante a que alguien nos sorprendiera con un truco de cartas. Y, en medio de ese desmadre mágico, ¿quién cultivaría los alimentos, enseñaría a los niños o arreglaría la lavadora? Terminaríamos todos muertos de hambre, analfabetos y sin servicios básicos. *Eso sí, el deseo de que nos sorprendan estaría más que satisfecho.* Al final, lo que mantiene el mundo en marcha es la diversidad de nuestras aspiraciones. Para que la sociedad funcione, hace falta ese delicado equilibrio entre perseguir metas comunes y fortalecer nuestra identidad.

215

También hay otra amenaza, quizá más insidiosa, relacionada con el conformismo. ¿Recuerdas a Heidegger? ¿El filósofo que describía con tanta elocuencia cómo nuestra existencia está entrelazada con la de los demás? Pues bien, tal vez te sorprenda saber que su historia de vida encierra una contradicción inquietante. A pesar de sus reflexiones filosóficas sobre la interconexión humana, Heidegger se involucró activamente con el Partido Nazi. [43, 44] En 1933, siendo rector de la Universidad de Friburgo, apoyó abiertamente al régimen y pronunció discursos en favor del principio del Führer y de la lealtad a Hitler. Su historia nos sirve de advertencia: aunque la unidad es importante, la obediencia ciega puede desembocar en unas consecuencias desastrosas.

Después de la Segunda Guerra Mundial, los Juicios de Núremberg se celebraron con el fin de juzgar a los criminales de guerra nazis. Muchos de ellos intentaron justificarse alegando que solo «seguían órdenes». Una excusa vacía que pone de manifiesto cómo la obediencia ciega puede dar lugar a horrores inimaginables. Para mí, es un recordatorio de que debemos cuestionar la autoridad y defender con firmeza nuestra autonomía moral. A veces, el acto más significativo que uno puede realizar es oponerse a un *statu quo* injusto o dañino.

Y esta dinámica no se limita a los grandes escenarios históricos; también ocurre en la vida cotidiana. Durante mi doctorado, he tenido la suerte de participar en muchos proyectos de los que me siento muy orgullosa, incluido este libro. Pero no todo el mundo ha compartido ese entusiasmo. En el pequeño centro de investigación en el que trabajo, hay profesores que esperan que los doctorandos dediquen entre 50 y 80 horas semanales exclusivamente al laboratorio… a cambio de un sueldo de unos 20.000 dólares canadienses al año. Para colmo, he visto a otros estudiantes hacer este esfuerzo durante ocho años para luego marcharse con las manos vacías y sin ningún diploma a la vista.

Tener una vida fuera del laboratorio se considera poco menos que un sacrilegio, sobre todo si consigues ganar algo de dinero extra con otras actividades. Pero, según mi perspectiva, todo el mundo merece un salario digno y la posibilidad de llevar una vida equilibrada. En primer lugar, porque solo entre el 2 % y el 5 % de quienes hacen un doctorado acaban consiguiendo un trabajo estable como profesor titular, así que la mayoría tendremos que buscar salidas fuera del mundo académico. Y, en segundo lugar, porque un doctorado es un trabajo en toda regla. Olvídate de la imagen del estudiante entre clases y apuntes: después de los primeros meses, la educación formal prácticamente desaparece. Lo que define el doctorado es el trabajo diario en el laboratorio, los experimentos, el análisis de datos y (con suerte) la publicación de resultados. Tengo la intención de seguir luchando por tener unos derechos laborales básicos que reflejen esta realidad. Futuros científicos y científicas: ¡estoy con vosotros! Vamos a reivindicar un modelo de investigación más justo y humano. Aunque, bueno, me estoy adelantando...

Cuestionar el *statu quo* nunca sale gratis. Algunos de mis supervisores no han visto mis proyectos extracurriculares como una muestra de iniciativa, sino como actos de rebeldía o de falta de compromiso. En consecuencia, ha habido momentos en los que me han negado apoyo técnico, orientación e incluso el respeto más básico. Este último año de doctorado ha sido especialmente difícil y, a veces, humillante. Aun así, creo que tomé la decisión correcta, tanto por mí como por quienes vendrán después. Quizá así, la próxima estudiante de doctorado que escriba un libro, divulgue ciencia o asesore en ciencias del comportamiento no parezca tan irreverente, ¿no?

Cada decisión que tomamos conlleva su coste y su beneficio. Y, aunque renunciar a tus principios por encajar pueda parecer una opción segura, esas concesiones terminan por corroer tu propósito vital. Tarde o temprano te tocará enfrentarte a situaciones que chocan con tus valores, y tendrás que ponerte por delante. Siempre que puedas, da un paso al frente para impulsar el cambio. Sí, hacer valer tu autonomía puede dar un poco de miedo, pero es lo que te permite crearte una vida con sentido y con una base sólida.

Imagínate que hubiera renunciado a todo lo demás, dejándome la piel por el doctorado mientras vivía por debajo del umbral de la pobreza. No sé si seguiría con vida. Mis pequeños trabajos paralelos me permitieron darme algunos caprichos, como recibir clases de conducir, comprar un coche de segunda mano, acceder a atención psicológica y vivir en un piso libre de ratas (porque sí, el primero que tuve en Quebec estaba plagado). Esas pequeñas mejoras en mi calidad de vida marcaron una gran diferencia en mi salud mental. Incluso si hubiera sobrevivido sin ellas, no habría tenido las fuerzas necesarias para crear este pequeño mundo de divulgación científica que hoy llena mi vida de sentido y orgullo. Mis misiones secundarias no solo pusieron comida en la mesa; me abrieron el camino para crear un espacio en el que puedo hacer algo con impacto, algo que me importa de verdad. Ahora disfruto de una vida tan plena como libre de roedores. Bueno, se aceptan ratas como mascotas, siempre que sean educadas.

Sí, defender tus principios tiene sus desventajas: quizá agites un poco el avispero, te ganes algún que otro enemigo o seas el protagonista de algún cuchicheo en la oficina. Pero, como recompensa, tendrás un propósito más sólido y fuerte, y una vida de la que sentirte orgulloso. Esas decisiones, que pueden parecer pequeñas e insignificantes, se acumulan con el tiempo y te van acercando a lugares y proyectos que de verdad están en sintonía con tus valores y convicciones. Así que intenta no sacrificar las cosas que realmente importan solo por encajar en moldes ajenos.

Tener poder de decisión y autonomía es como el ingrediente secreto que infunde a cualquier actividad una chispa de propósito.

Estemos trabajando sin descanso, encerrados estudiando, tomándonos un descanso o simplemente pasándolo bien, hay estudios que demuestran que tener cierto control sobre lo que hacemos puede hacer que todo cobre más sentido.[45, 46]

La psicóloga Amy Wrzesniewski ha dedicado buena parte de su carrera a investigar cómo encuentran las personas sentido en su trabajo, especialmente en profesiones poco valoradas o nada glamurosas. Se enfoca principalmente en los empleos más complicados, aquellos que están mal pagados, estigmatizados y, muchas veces, invisibles para el resto de la sociedad.

Después de entrevistar al personal de limpieza de distintos hospitales, Wrzesniewski descubrió que había grandes diferencias en cómo concebía su trabajo cada persona. Algunas consideraban que su trabajo era meramente funcional, que no tenía mucha trascendencia. Otras, en cambio, encontraban un significado profundo gracias a lo que ella denomina *job crafting*: una práctica que consiste en rediseñar los roles laborales para mejorar su experiencia.

Un ejemplo especialmente revelador es el de una empleada de la limpieza que trabajaba en la unidad de cuidados intensivos. Ella se encargaba de reorganizar los cuadros que estaban colgados en las paredes porque creía que introducir pequeños cambios en un entorno tan estático podía estimular la mente de los pacientes en coma y así contribuir a su recuperación. Cuando le preguntaron si eso formaba parte de sus tareas, ella respondió: «No es parte de mi trabajo, pero sí es parte de mí».[47] Limpiar habitaciones de hospital no suele verse como el camino más directo hacia una vida con sentido y, sin embargo, aquí tenemos a un miembro del personal de limpieza que ha encontrado un propósito claro en lo que hace.[48, 49, 50] Y eso me encanta.

Muchas veces se da por hecho que solo los trabajos con títulos llamativos suman a la realización personal. Pero ¿recuerdas la sociedad imaginaria formada únicamente por magos? Todos los trabajos son importantes, todos son esenciales. Da igual si deslumbras al público con tus trucos o si barres la purpurina cuando acaba el espectáculo, todo suma. Esto quedó más claro que nunca durante los confinamientos por la pandemia, cuando aprendimos lo que era de verdad un «trabajo esencial». Desde luego que la limpieza de los hospitales estaba en esa lista. (Por si hay dudas: ¡magos e ilusionistas, también me encanta lo que hacéis! Por eso fuisteis lo primero que me vino a la cabeza para el ejemplo).

La propia Wrzesniewski ha reconocido que, en muchas ocasiones, el *job crafting* implica una pequeña dosis de rebeldía: estirar un poco las normas para que el trabajo se sienta más como una elección y no como una obligación.[51] Para que quede claro, no estoy sugiriendo que te subleves por completo (ni mucho menos que hagas algo que te ponga en el punto de mira de Recursos Humanos), pero casi siempre hay algún margen dentro del trabajo para agregar, con discreción, un toque personal. Si te preocupa causar mucho revuelo, puedes preguntarle directamente a tu jefe en qué momento y de qué manera podrías añadir una pizca de tu propia impronta a tu trabajo. Y, para quienes ocupen cargos directivos o de mayor jerarquía, pensad en reservar un rato cada semana para que vuestro equipo desarrolle proyectos que les apasionen de verdad. No se trata solo de levantar el ánimo, sino de crear un entorno en el que la gente se sienta implicada y motivada.[52]

Tener cierta autonomía ayuda a que el trabajo cobre más sentido,[53] pero este mismo principio también se puede aplicar a la vida en general.[54, 55, 56] La libertad es la piedra angular del bienestar humano. Poder enfrentarte a tu existencia y darle forma es lo que te convierte en el protagonista de tu propia historia. Por supuesto, como seres sociales, debemos tener en cuenta cómo afectan nuestras acciones a los demás. Pero eso no significa que tengamos que vivir según el guion de otra persona. Si sientes que tu vida es una serie de pasos predefinidos por otras personas, haz una pausa y reflexiona sobre tus propios principios. Escríbelos en un papel y guárdalo cerca para poder consultarlo cuando llegue el momento de tomar una decisión difícil.

Cuando hay muchas páginas de nuestra vida que nos resultan ajenas, acabamos perdiendo el hilo del sentido, como si estuviéramos leyendo una novela a la que le han metido capítulos sueltos de otros libros. Los seres humanos somos máquinas de buscar sentido y necesitamos una cierta coherencia para mantenernos en equilibrio.[57] Así que ¿cómo hacemos para dar sentido a una vida imperfecta y sin edición?

HistoriaDeVida_final_nuevaversión_NUEVO.doc

Tu cerebro no es solo una máquina de pensar repleta de datos, cifras y algún que otro nombre en latín de plantas de interior. *En este preciso instante, hay un* Chlorophytum comosum *muriéndose en el alféizar de mi ventana.* Tu cerebro es un narrador: cada sinapsis que se activa y cada neurona que chispea están contando un relato, añadiendo una nueva línea a la historia de tu vida.

Si redujéramos una historia a sus elementos básicos, nos quedaríamos con fragmentos de causa, efecto y tiempo[58] que, por separado, no significan gran cosa. Lo que da coherencia al relato es la forma en la que los organizamos: cómo conectamos la causa con el efecto a lo largo del tiempo. Gran parte de ese proceso ocurre de forma automática, ya que el cerebro enlaza los hechos sin que seamos conscientes de ello. Aun así, desempeñamos un papel clave al dar forma a esa narrativa, eligiendo qué momentos de nuestra vida incluimos para configurar una historia que tenga sentido para nosotros. Si la versión que elegimos es o no la más fiel a la realidad, ya es otro cantar..., pero a veces ni siquiera importa tanto.

Para los primeros seres humanos, identificar la relación entre determinadas conductas (la causa) y sus consecuencias (el efecto) era esencial para sobrevivir.[59, 60] Por ejemplo, reconocer que esa molestia en el estómago podía estar relacionada con la planta desconocida que habías comido unas horas antes. «Nunca más», te dices, evitando así futuros errores potencialmente mortales. Los relatos se convirtieron en una herramienta fundamental para registrar y recordar este tipo de enseñanzas vitales, ya que recogían estrategias de supervivencia en un formato que el cerebro podía almacenar y utilizar con facilidad.

No somos los únicos animales capaces de asociar causas con efectos; cada vez que tu perro te da la pata a cambio de una golosina, está aplicando esa capacidad cognitiva. Lo que nos hace únicos es la cantidad de factores que somos capaces de pasar por ese mismo filtro. Claro que también relacionamos acciones con recompensas, como hace tu perro con su truco de la pata, pero además conectamos causas y efectos mucho más abstractos: creencias, motivaciones, reputación, contexto cultural, valores éticos... y un largo etcétera.

Toda esta complejidad añade una gran profundidad y variedad a los relatos en los que pensamos, aunque quizá lo más destacable sea nuestra capacidad para viajar mentalmente en el tiempo. Tu cerebro te permite explorar tu biblioteca de relatos siempre que quieras, ya sean del pasado o del futuro, reales o imaginarios. Eso significa que puedes revisar tus recuerdos y reinterpretar las conexiones entre causa y efecto a medida que vas obteniendo información nueva. Y tu cerebro reutiliza muchos de esos mismos circuitos y datos para construir escenarios futuros imaginarios.[61, 62, 63, 64, 65, 66]

Subirse a esta máquina del tiempo biológica implica hacer el viaje acompañado de un viejo amigo: el hipocampo, que va equipado con un sofisticado mecanismo de navegación y orientación. Mientras recorres el mundo en tiempo real, las células de red del hipocampo actúan como una especie de brújula, ayudándote a percibir la distancia y la dirección,[67] y sus células de localización funcionan como marcadores que señalan sitios memorables en el camino.[68] Juntas, crean un mapa cognitivo del lugar *donde* ocurrió un recuerdo, algo útil no solo para rememorar, sino también para planear futuras aventuras.[69] Las mismas secuencias y referencias espaciales que usas para recordar viajes anteriores sirven para imaginar nuevas posibilidades.

El hipocampo cuenta, además, con otra herramienta especializada en su arsenal, las llamadas «células del tiempo». Funcionan como pequeños relojes internos, marcando el paso del tiempo para ayudarte a registrar y ordenar los acontecimientos. Gracias a ese tic-tac constante, tus experiencias se organizan, al menos de forma aproximada, en el orden cronológico en el que sucedieron.[70, 71, 72] Piénsalo: si almacenáramos los recuerdos sin ningún mecanismo para registrar el tiempo, serían una especie de maraña de eventos aleatorios sin ninguna conexión aparente. Sería como quedarse atrapado en un montaje mental incoherente, como ver una película con todas las escenas desordenadas.

Imagina ver *Titanic* con cada escena cortada en trocitos y barajada como si fueran cartas. La película empieza con Jack charlando animadamente con los estirados de primera clase en la cena y luego aparece flotando como un cubito de hielo en el Atlántico (alerta de *spoiler*). Más tarde ves a Rose corriendo despavorida por la sala de máquinas y acto seguido el barco se hunde estrepitosamente en el océano. Siguiendo la lógica de esas escenas, uno podría imaginar que algún invitado celoso empujó a Jack por la borda y que Rose, en un arrebato de locura, causó un fallo catastrófico en el motor que condenó al barco.

Hacemos este tipo de inferencias constantemente, uniendo causa y efecto no solo a partir de lo que hemos visto, sino también recurriendo a suposiciones que rellenan los huecos. Sin una secuencia temporal precisa, nuestras conclusiones serían completamente erróneas. Eso no quiere decir que las células del tiempo nos impidan cometer errores: seguimos teniendo dificultades para reconstruir con exactitud nuestras narrativas mentales. La buena noticia es que esas historias no están grabadas en piedra. Vamos escribiendo y reescribiendo la historia de nuestra vida una y otra vez, y cada nueva experiencia o descubrimiento nos ayuda a pulirla un poco más. Pero ¿qué pasa cuando ese relato deja de tener sentido?

Cuando nuestra narrativa pierde coherencia, la búsqueda de sentido se vuelve mucho más difícil.[73, 74, 75] Sin un hilo conductor claro, podemos sentir que vivimos sin rumbo, como si estuviéramos a la deriva. En vez de ver nuestras experiencias como parte de un viaje personal, pueden parecer momentos aislados, sin dirección ni propósito. Eso puede llevarnos a perder la sensación de progreso o de sentido.

He reservado esta sección para este momento por una razón. Todo lo que has aprendido hasta aquí sobre el sentido y el propósito puede ayudarte a crear una narrativa más coherente sobre tu vida. Pero también hay otras estrategias más sencillas que puedes emplear, sin necesidad de moverte del sofá, desde la comodidad de tu propia mente.

¿Y si fuera posible darle un mayor sentido a la vida viajando mentalmente en el tiempo? En una serie de experimentos que se llevaron a cabo en la Universidad Northwestern, Illinois, los investigadores exploraron esta cuestión: probaron distintos tipos de simulación mental para ver cuál era más eficaz.[76] Cuando los participantes se trasladaban con su mente al pasado o al futuro, su sensación de sentido aumentaba. Para ello, se les pedía que escribieran sobre dos acontecimientos concretos que hubieran vivido o que pensaban que podrían llegar a vivir. Pero cuando escribían sobre hechos ocurridos en las últimas veinticuatro horas, ese interesante efecto desaparecía por completo. Escribir un diario tiene sus ventajas, claro, pero si lo que buscas es un profundo impulso existencial, lo mejor es que te centres en el futuro o en el pasado más lejano. Y resulta que el tipo de evento (positivo o negativo) no parece importar demasiado. Lo que sí marca la diferencia es el nivel de detalle del escenario imaginado. Las simulaciones mentales detalladas funcionan mejor que los resúmenes, así que, cuando hagas esos viajes temporales con tu mente, asegúrate de incluir todos los detalles posibles.[77]

Incluso se analizaron los efectos de imaginarse en un lugar diferente, y también en ese caso se observó un aumento de la sensación de sentido en los participantes. Así que, tanto si imaginas un acontecimiento en el futuro lejano como si te visualizas en un lugar remoto, puedes conectar con un propósito más profundo.[78] Viajar mentalmente en el tiempo no es solo soñar despierto; es una poderosa herramienta que permite al cerebro entrelazar pasado, presente y futuro en un todo coherente.

A veces, una sencilla reflexión nostálgica puede bastar para intensificar esa sensación de sentido.[79] Pero se puede ir todavía más allá: imagina un mundo en el que tomaste decisiones diferentes, en el que seguiste otros caminos. Este tipo de pensamiento contrafactual (ponderar realidades alternativas) puede ser igual de potente. Los investigadores han descubierto que imaginar «lo que podría haber sido» puede ayudarnos a comprender mejor el presente y a valorar más la vida que tenemos.

Visualiza el día en el que naciste y la infinidad de acontecimientos que se sucedieron a partir de ahí.[80] O piensa en algún suceso especialmente difícil de tu vida, uno que, si bien fue complicado, podría haber acabado mucho peor. Reflexiona sobre otros momentos clave de tu historia personal.[81, 82] ¿Qué habría pasado si hubieras elegido otra carrera, vivido en otra ciudad o conocido a otras personas? Explorar estos escenarios de «¿y si...?» puede ofrecerte una visión más rica de tus experiencias. Incluso puedes pensar en grandes acontecimientos históricos e imaginar cómo otras decisiones podrían haber cambiado el mundo tal y como lo conocemos.[83] O contemplar realidades alternativas en las que tu país de origen ni siquiera existe.[84] Todos estos ejercicios están extraídos de estudios que demuestran que pueden ayudarnos a experimentar una mayor sensación de sentido en la vida. Los investigadores creen que funcionan porque nos ayudan a ver los sutiles hilos del destino que tejen nuestra realidad. Al practicar este tipo de ejercicios, no estás jugando solo con ideas abstractas; estás reconfigurando activamente la forma en la que tu cerebro interpreta y procesa la narrativa de tu vida. Imaginar realidades alternativas o reflexionar sobre momentos importantes es un proceso mental que fortalece tu yo narrativo: la capacidad de construir y reconstruir la historia de quién eres. Y aquí resulta fundamental la habilidad del cerebro para volver sobre las experiencias, reinterpretarlas y darles un nuevo encuadre; gracias a ello, podemos hilarlas de forma que nuestra historia tenga continuidad y sentido.

El simple hecho de exponerse a historias coherentes basta para potenciar esa sensación de sentido. Investigadores de la Universidad de Misuri descubrieron que, cuando los participantes observaban series de fotografías o palabras organizadas (como patrones estacionales en imágenes de la naturaleza o grupos de palabras relacionadas), sentían que su vida tenía más sentido.[85] Y esto es importante porque demuestra que el sentido no depende únicamente de la motivación o las creencias personales, sino también del modo en el que funciona nuestro cerebro. El cerebro tiene una curiosa predilección por los patrones y por darle sentido a lo que percibe. Cuando detectamos orden y coherencia a nuestro alrededor, sentimos que la vida cobra más sentido.

Pasamos gran parte del tiempo haciendo *scroll* en redes sociales, sumergidos en un mar de contenidos aleatorios y sin conexión entre sí. No puedo evitar preguntarme si esta avalancha constante de caos no estará privando a nuestro cerebro de esos patrones y conexiones que tanto disfruta. Nos alimentamos de historias, y no hace falta que sean propias para ayudarnos a encontrar mayor coherencia y sentido. ¿Por qué no sustituir el *scroll* por una buena novela con una trama absorbente que te atrape de principio a fin? Y si no consigo convencerte de que leas ficción (aunque de verdad deberías), prueba con una biografía que narre la historia de una persona real. También puedes sumar más coherencia a tu experiencia lectora colocando los libros en la estantería según el orden en el que los leíste. Y puedes extender esa misma idea a otros rincones de la casa: organiza los objetos de forma que cuenten una historia o generen patrones que estimulen tu cerebro.

En lugar de dejar que las fotos familiares junten polvo por ahí, imprímelas y organízalas como si fuera una línea temporal que cuente tu historia. Y, cuando te sientes a escribir en tu diario, reflexiona sobre cómo los acontecimientos del día se conectan entre sí y con tus objetivos a largo plazo.

Estas herramientas tan sencillas pueden ofrecernos pequeños espacios de estructura que conectan con ese impulso del cerebro de buscar coherencia. Pero hay muchos aspectos de la vida que no encajan en ningún esquema. El trauma, por su propia naturaleza, rompe el orden. Puede dejarnos con recuerdos difíciles de clasificar, que desafían nuestra capacidad de construir una historia con sentido. Una gran parte de nuestro sufrimiento no responde a la lógica ni sigue una secuencia clara de causa y efecto que el cerebro pueda usar como estrategia de supervivencia. Y es precisamente en esos momentos cuando la historia que intenta construir nuestro cerebro comienza a deshacerse.

Si la vida te da limones…

El impacto de la coherencia narrativa (o la falta de ella) se hace aún más visible cuando analizamos su papel en trastornos como el trastorno de estrés postraumático (TEPT). El trauma tiene la capacidad de romper los recuerdos, de fragmentarlos de tal forma que resulta difícil construir una historia coherente,[86] y esto es aún más frecuente en quienes padecen TEPT.[87] En lugar de organizarse en un relato estructurado, con un principio, un desarrollo y un final, el trauma puede quedar anclado en forma de pensamientos y emociones aisladas. Al no integrarse en una historia coherente, esos fragmentos irrumpen en la conciencia cotidiana en forma de *flashbacks* o pesadillas.[88, 89] A veces, esto ocurre porque la memoria se congela en el momento más traumático, dejando un fragmento intenso y doloroso que el cerebro y el cuerpo reviven de manera compulsiva. De hecho, existen algunas técnicas clínicas diseñadas específicamente para que esos fragmentos desordenados se integren en una narrativa estructurada, como la terapia de procesamiento cognitivo y la terapia de reescritura de imágenes. Aunque este libro no pretende ofrecer tratamientos para el TEPT (ni para ningún otro trastorno de salud mental), sí podemos hacer ciertas cosas para ayudar a nuestro cerebro a dar sentido a lo que, en apariencia, no lo tiene.

El psiquiatra austríaco y superviviente del Holocausto Viktor Frankl fue uno de los primeros en subrayar la importancia de reconstruir una narrativa coherente después del trauma.[90] En su libro *El hombre en busca de sentido*, explora las profundidades del sufrimiento humano a través del relato de su experiencia en los campos de concentración nazis.

Frankl vivió una pesadilla inimaginable para la mayoría y, sin embargo, convirtió esas terroríficas experiencias en la base de sus teorías sobre la psicología humana. Cuando estaba atrapado en la brutal rutina de los campos, empezó a percibir un patrón: aquellos que podían encontrarle un sentido a su sufrimiento tenían más probabilidades de sobrevivir. No era solo una cuestión de resistencia física; lo que los mantenía en pie era una chispa de esperanza, una razón por la cual seguir viviendo: el deseo de reencontrarse con un ser querido, terminar alguna tarea pendiente o simplemente aferrarse a una visión de futuro. Frankl, por su parte, se sostuvo en la esperanza de volver a ver algún día a su esposa, Tilly. Si aún no conoces su historia, prepárate: ella no sobrevivió.

Y, aun así, de alguna forma, Frankl consiguió seguir adelante, no solo a nivel físico, sino también espiritual. Él creía que, aunque el sufrimiento es inevitable, tenemos el poder de elegir cómo responder ante él y avanzar con un nuevo propósito. A esto lo llamó «la libertad humana».

Hay una anécdota en particular de *El hombre en busca de sentido* a la que vuelvo una y otra vez, sobre todo cuando necesito recordar qué significa aferrarse a la humanidad. Después de su liberación, Frankl y otros supervivientes regresaban a casa caminando por un campo cubierto de vegetación fresca y verde. Frankl, de forma instintiva, evitaba pisar los nuevos brotes y le pidió a un compañero que hiciera lo mismo. Su compañero, desbordado por el dolor y la rabia, le respondió con dureza: «¡No me digas! ¿No crees que nos han arrebatado bastante ya? Mi mujer y mi hijo han muerto en las cámaras de gas (y ni hablar de todo lo demás) ¿y tú quieres prohibirme que pise unas espigas de avena?». Comprendo su enojo.

Frankl utiliza esta historia para subrayar lo importante que es aferrarnos a los valores que nos definen como seres humanos. Sostiene que el sufrimiento no nos da derecho a causar más daño ni a abandonar nuestros principios. Ese simple gesto de evitar pisar unas flores recién nacidas no solo es un testimonio de la integridad de Frankl, sino también un poderoso símbolo de dignidad humana. Todos tenemos la responsabilidad de cuidar las cosas buenas y hermosas que quedan en el mundo, por pequeñas que sean. Si Viktor Frankl fue capaz de mantenerse fiel a este compromiso después de haber padecido las mayores atrocidades, creo que todos podríamos dejarnos inspirar para caminar con un poco más de cuidado.

Si bien la mayoría de nosotros jamás vivirá el infierno que Frank tuvo que pasar, cada uno carga con su propio dolor. Mi historia no tiene ni de lejos su fuerza ni su profundidad, pero también muestra cómo el sufrimiento puede transformarse en propósito.

Cuando me llamaron para comunicarme que mi madre había muerto, yo estaba a miles de kilómetros de casa. Una parte de mí se lo esperaba, pues hacía cinco años que venía observando cómo se replegaba en sí misma cada vez más. Su deseo de vivir parecía haberse esfumado ante mis ojos y, aun así, sentí como si ella hubiese salido por la puerta a mitad de una conversación. Yo no estaba preparada.

En los días previos al funeral en Escocia, se me metió en la cabeza que necesitaba ir a su piso, el último lugar en el que ella había estado. La necesidad de llegar se convirtió en una urgencia, como si los últimos rastros de ella fueran a desaparecer si no me daba prisa. Quería empaparme de lo que sea que quedara, encontrar algún objeto o recuerdo que condensara su espíritu, algo tangible a lo que aferrarme en medio del duelo. El viaje fue una secuencia confusa de aeropuertos y taxis, y yo solo tenía una idea fija en la cabeza: su piso. Pero, cuando por fin crucé la puerta, me invadió una profunda sensación de vacío.

Mi madre siempre había sido meticulosamente ordenada, casi hasta el extremo. Ella solía deshacerse de cosas que la mayoría jamás se plantearía tirar, así que apenas quedaba nada que revisar. No guardaba joyas, y la única ropa que había en la colada eran sus pijamas, como si no se hubiera puesto otra cosa en semanas, quizá meses. Cuando abrí su armario, no reconocí nada. Ni una sola prenda me evocó su esencia. Solo quedaban unos pocos libros en la mesita de noche. Uno de ellos tenía una portada blanca y unas frías letras en azul claro: *Cómo sobrellevar la soledad*. Esa imagen jamás se borrará de mi mente. Y la misma punzada de culpa que sentí entonces vuelve ahora, mientras escribo estas líneas.

Yo le había enviado algunos regalitos para que se entretuviera (unos libros para colorear, *kits* de punto de cruz), cualquier cosa que le ayudara a ocupar la mente en algo. Ella me había dicho que le gustaban, así que yo le envié más. Pero, cuando abrí la puerta de la habitación de invitados, me encontré las cajas apiladas con cuidado, sin abrir. Sentía el piso vacío, como si nadie hubiera vivido allí. Esperaba encontrar algún vestigio de ella, algo pequeño que pudiera conservar para sentirla cerca, pero no había nada. *Nada*. El peso del duelo me dejó sin aliento.

Al volver a Canadá, familiares y amigos empezaron a compartir algunas fotos antiguas, muchas de ellas tomadas cuando mi madre tenía más o menos la edad que yo tengo ahora. Al verlas, me sorprendió lo mucho que nos parecíamos. Tanto era así que, por un momento, mi cerebro registró su cara como si fuera la mía. No me había dado cuenta de que, con los años, había empezado a parecerme mucho a ella. Y entonces lo entendí. Sí hay algo de ella que sigue aquí: yo.

Cada célula de mi cuerpo es una prolongación del suyo, cada hebra de mi ADN es un hilo tejido a partir del suyo. Cuando me miro al espejo del baño por las mañanas, veo su rostro, como si regresara a la vida en busca de una segunda oportunidad. Estoy decidida a dársela. Es mi recordatorio diario del deber de vivir con plenitud y con alegría en su honor, de hacer que su vida (y su muerte) tengan un sentido. Ahora me toca a mí tomar el relevo y seguir corriendo.

Escribir este libro durante los últimos meses ha sido un proceso intenso y exigente, pero nunca me había sentido tan satisfecha con un proyecto. Cada noche en vela y cada tecla que pulsé me han ayudado a recomponer los fragmentos de la vida y la muerte de mi madre. Este libro es mi carta de amor hacia ella, un intento de recoger todo lo que me habría gustado enseñarle sobre cómo cuidar de sí misma y de su mente. Es mi forma de tender un puente entre lo que fue y lo que pudo haber sido: mi propio ejercicio de pensamiento contrafactual.

La sensación de impotencia que produce ver cómo alguien a quien amas se va desconectando poco a poco de la vida es asfixiante. La sientes como algo que podría haberse evitado, una tragedia que no tenía por qué suceder. Y, sin embargo, ocurre delante de tus propios ojos, y no hay nada que puedas hacer para impedirlo. La vida nos obliga una y otra vez a enfrentarnos a este tipo de retos, y depende de nosotros encontrarles algún sentido.

Cuando hablo de humanidad o de bondad en mis vídeos en las redes sociales, muchas veces recibo la misma respuesta, que «el altruismo nunca es del todo desinteresado». Algunas personas dicen que, si obtenemos algún beneficio al hacer el bien, entonces ya no puede considerarse un acto verdaderamente altruista. Pero lo cierto es que estamos hechos para beneficiarnos de nuestra propia bondad, tanto en lo superficial como en lo más profundo. Espero que estés de acuerdo, porque, aunque este libro sea un regalo para mi madre (y también para ti), al comprarlo y leerlo tú me has dado algo aún más valioso a cambio. Tú y yo hemos dejado una huella imborrable de la existencia de mi madre, tejiendo juntos un sentido en esta historia compartida.

Gracias por haberme dado eso.

Mi madre perdió las ganas de vivir, y puedo entender por qué. No se trata solamente del desgaste que nos provocan los momentos más difíciles, sino también de las pequeñas luchas de todos los días. Las decepciones, las traiciones, la rutina diaria; todo se nos puede hacer cuesta arriba. Todos los días nos bombardean con noticias de violencia, injusticia y sufrimiento. Es un flujo incesante de situaciones monstruosas que puede abrumar incluso a los más optimistas.

La poeta estadounidense Maggie Smith plasma esta triste realidad en su poema *Good Bones* («Buen esqueleto»). Sus palabras me llegaron al alma porque resumen a la perfección la inherente dualidad de nuestro mundo. Ese equilibrio entre lo brutal y lo bello a veces parece frágil e inestable y, muchas veces, la balanza se termina inclinando hacia el lado equivocado.

Pero, como Viktor Frankl, creo en la resiliencia del espíritu humano. De algún modo, generación tras generación, conseguimos dejar un mundo un poco mejor que el que heredamos, impulsados por nuestra necesidad de buscar sentido y propósito. Nuestros antecesores sentaron las bases de la civilización, lucharon por derechos fundamentales y realizaron descubrimientos científicos que transformaron el mundo. ¡Sigamos por ese camino!

Sí, entre nosotros también hay personas que se guían por impulsos oscuros, pero no podemos permitir que eso apague nuestra llama. Pase lo que pase, con independencia de los retos que nos imponga la vida o los monstruos con los que nos crucemos, siempre podremos elegir que caminaremos sin pisar las flores y trataremos a la vida con más ternura de la que ella nos ha mostrado.

Vivir una vida con sentido implica comprometerse con la idea de que nuestras acciones, por pequeñas que sean, pueden marcar una diferencia positiva. Creo que todos podemos proponernos dejar este planeta, al menos, un poco mejor de como lo encontramos, ¿no? El legado rara vez se construye a base de grandes gestos heroicos, sino que se forja a través de la suma de las decisiones sencillas que tomamos todos los días. Incluso el gesto más simple de todos puede inclinar la balanza hacia un futuro más brillante. Tu vida, por modesta que te parezca, importa. Cada cosa que hagas durante tu breve paso por la Tierra dejará un rastro de tu esencia. Tus actos de bondad serán los que transmitan tu valor, desde las personas a las que ayudas directamente hasta aquellas que, inspiradas por ti, ayuden a otras. Las semillas que siembres hoy pueden inspirar una cadena infinita de vida que fluya de la tierra al cielo y de vuelta. Cada vez que defiendes un principio, estás poniendo una piedra en el camino de quienes vendrán detrás. No se trata solo del sentido que des a tu propia vida: el impacto de tus acciones va más allá de ti. Y cada pequeño logro envía una onda que se expande en el tiempo, iluminando cada átomo de materia viva que toca a su paso.

Resumen del capítulo

Embárcate en tu propia búsqueda de sentido. Reconoce que el sentido no se encuentra, sino que se crea. Lo primero es aceptar que el camino que debemos recorrer para encontrar ese sentido es único y requiere un esfuerzo consciente y reflexión.

Forja tu valor a través de la conexión. A veces, nuestro valor se refleja en el impacto que tenemos en los demás. Los actos altruistas, por pequeños que sean, te ayudan a crear vínculos significativos. Ya sea ofreciendo apoyo o simplemente estando presente, tus acciones dejan una huella imborrable en el corazón de los demás, afirmando tu lugar en el mundo y el de ellos en el tuyo.

Haz algo pequeño, pero con intención. Incluso los gestos más sencillos (como plantar unas semillas o dejar un comentario amable en Internet) pueden contribuir al cambio social. Empieza con acciones que estén en sintonía con tus valores y, poco a poco, su efecto se irá sumando hasta tener un impacto real y significativo.

Cuestiona el *statu quo* y sé auténtico. Piensa en qué áreas de tu vida podrías estar actuando según lo que otros esperan de ti en lugar de seguir tus propios principios. Piensa en esas veces en las que sentiste presión de encajar o de seguir órdenes y pregúntate si, cuando tomaste esas decisiones, fuiste fiel a quien realmente eres. Siempre que sea posible, elige actuar conforme a tus principios y deseos, aunque eso suponga ir en contra de la corriente.

Dale un sentido a tu trabajo. Busca formas de conectar tu actividad laboral con algo que tenga un valor personal para ti.

Aunque no sea tu pasión, puedes aplicar el *job crafting* y rediseñar tu puesto de trabajo para que esté más alineado con tus valores y tu propósito.

Viaja en el tiempo con la mente para aportar coherencia. Reflexiona sobre tu pasado lejano o imagina con detalle posibles escenarios futuros. Cuando escribas en tu diario, no te limites a relatar lo que sucedió ese día. Reflexiona sobre las experiencias que te han marcado, cómo han influido en la persona que eres hoy y cómo se vinculan con tus objetivos a largo plazo. Vuelve a estas reflexiones cuando todo parezca confuso; te ayudarán a crear una narrativa más clara y coherente.

Ejercita el pensamiento contrafactual. Revisa los momentos clave de tu vida e imagina cómo habrían sido las cosas si hubieran tomado otro rumbo. Ten en cuenta las decisiones importantes, los desafíos, los imponderables y pregúntate: «¿Qué hubiera pasado si...?».

Acepta el dolor y apuesta por un crecimiento lento y compasivo. En los momentos difíciles, intenta avanzar poco a poco, respetando tanto tu sufrimiento como tu capacidad de seguir adelante. Puede que no siempre podamos controlar lo que nos ocurre, pero sí está en nuestras manos encontrarle sentido a cómo elegimos responder, a nuestro propio ritmo.

No pises las flores. Cuando la vida te dé un revés, sigue tratando al mundo con amabilidad. No se trata de negar tu dolor, sino de que te aferres a tu humanidad. Reafirma tu compromiso de ser una fuerza positiva, incluso cuando todo a tu alrededor parezca hostil.

Agradecimientos

Ninguna idea ni creación es producto de una sola mente, y este libro no es la excepción. Ni siquiera el título, CÓMO HACER DE TU CEREBRO TU MEJOR AMIGO, es mérito mío, ya que fue un regalo de mi editora, Elizabeth Neep. En aquel entonces, apenas tenía experiencia como escritora y gracias a su guía pude dar forma no solo al libro, sino a la voz que utilicé para escribirlo. La transición de académica a autora fue posible también gracias a mi agente literaria, Abigail Bergstrom, que estuvo conmigo a cada paso. Si Elizabeth me dio una voz, Abigail me ayudó a sobrevivir a la odisea de emplearla. Me recordaba, una y otra vez, que respirara, que descansara, que comiera. A veces la escuchaba, otras, no, pero ella siempre estuvo ahí, asegurándose de que este libro (y su autora) llegaran a buen puerto.

Pero antes de tener a mentores en la escritura, los tuve en la ciencia: el Dr. Stephen Draper y el Dr. Daniel Whitcomb, mis tutores durante la carrera y el máster, respectivamente. En un entorno donde el prestigio y el ascenso profesional suelen primar sobre el deseo de compartir conocimiento, ellos marcaron la diferencia. Stephen y Daniel son unos maestros en toda regla; un rol que muchas veces se subestima en el mundo académico. Bajo su tutela, jamás me sentí menos que nadie y mis ideas siempre se tuvieron en cuenta. Me ofrecieron un ejemplo de mentoría sin ego, con una generosidad intelectual poco común en ese entorno.

También le debo mucho al Dr. Diellor Basha, mi compañero durante el doctorado. Es de esos pensadores que no dejan una idea en paz hasta haberla explorado desde todos los ángulos posibles. Es científico no solo por formación, sino por naturaleza. Si en este libro hay alguna idea valiosa, seguramente salió de alguna de nuestras muchas charlas intelectuales.

Mis dispersos pensamientos se ordenaron aún más gracias a las conversaciones con Laidan Maire Gunter. Ella leyó algunos capítulos, me ofreció su opinión y, sobre todo, hizo que todo este proceso fuera menos solitario. Muchas veces, sus notas de voz fueron mi único contacto social durante las largas jornadas de escritura. Estuvo ahí siempre que la necesité, y no sé si hubiera podido terminar este proyecto de no ser por su apoyo constante.

Y luego está la persona que hizo que todo esto fuera posible: mi padre. Cuando tenía seis años, le pedí a Papá Noel un microscopio. Al año siguiente, un telescopio. Y, como siempre, mi padre encontró la manera de hacerlo posible, asegurándose de que tuviera a mi alcance las herramientas necesarias para alimentar mi curiosidad. Mientras me ayudaba a explorar mis propios intereses, también me animaba a sumergirme en los suyos: historias, música, mitología… Fue mi primer contacto con el arte de contar historias, y casi siempre (si era factible) incluía una increíble variedad de acentos graciosos, a petición mía: «¿Puedes hacer las voces?». Aquellos regalos (el microscopio y los mitos, la ciencia y los cuentos) nunca me abandonaron.

Desde aquella niña fascinada por el universo hasta esta autora que trata de comprenderlo, no puedo dejar de ver cuántas otras mentes y corazones han dejado su huella. Esta historia no es solo mía. Sí, quizá mi voz sea la que la narra, pero en cada página hay una huella de cada persona que me ha ayudado a llegar hasta aquí.

Para acceder a las notas y bibliografía de este libro, descárgate el PDF:

https://www.edicionesurano.com/como-hacer-de-tu-cerebro-tu-mejor-amigo

o bien en

https://www.mundourano.com/como-hacer-de-tu-cerebro-tu-mejor-amigo